学校の役割ってなんだろう

中澤 渉 Nakazawa Wataru

★――ちくまプリマー新書
383

目次 ＊ Contents

はじめに

ニュースを見ていると、今の日本の教育現場は問題だらけに見えます。教育が将来を担う人材を育成しているとすれば、これらのニュースは将来の日本社会を暗示しているようで、暗澹《あんたん》たる気持ちになります。もっとも、ニュースになるのは社会通念に照らして問題あるケースであって、全体としては報じられているよりうまくまわっているのかもしれません。

例えば学力調査の結果や、学校における非行などの問題行動の少なさは、諸外国と比較して必ずしも悪い結果ではありません（小松光・ジェルミー＝ラプリー『日本の教育はダメじゃない』）。相対的にパフォーマンスは悪くないのに、いろいろ批判されてしまう、ここに今の学校の置かれた難しい立場が反映されています。

特によく報じられているのが、教員の働き方、多忙化です。職場としてあまりに悪いイメージが定着してしまい、採用の多かった世代の定年退職期とも重なって、人材確保に難渋しています。多忙化の背景を探ると、学校の組織的特徴や周囲の眼差《まなざ》しの変化、学校に寄せる役割期待の過剰など、様々な要因が浮かび上がります。

本書では、そうした学校の直面する様々な困難を、社会学的な視点から分析し、説明しようとするものです。ここで一つお断りしておきたいのは、本書の目的は教育制度や学校の置かれた状況を社会状況と関連付けて説明することにあって、問題の解決策を示すことにはありません。私は教育に関わる現象を分析対象としていますが、教育実践や授業方法の専門家ではありませんので、その教育方法の妥当性は学問的に判断できません。

今は学校がいろいろな面で批判されることが多く、特に多忙な現場の先生が解決策を欲するのは理解できます。ただ、学校教育で創造性や批判的精神が強調され、子どもたちが授業を受け身で受講するだけではダメだと言われる昨今、学校の教員が自力でしっかり考えもせず解決策に飛びつくようでは、子どもたちに創造性や批判的精神など指導できないでしょう。子どもを指導する教員だからこそ、自分で得た知識を活用し、自分で考えてもらいたいのですが、それを実現するためにも、教員の働き方改革は喫緊の課題です。

問題を解決する前提として、正確な現状認識や解釈がポイントになります。これがはずれていれば、的確な解決策は提案できないでしょう。

本書が取り上げるのは、初等・中等教育、つまり小学校から高校段階の学校が中心となります。ただしトピックの関係で、大学などの高等教育や、学校を出てからの就職について触れているところもあります。ちくまプリマー新書ということで、大学受験を目前にするような高校生でも理解できるよう努めました。とはいえ、内容の水準を大きく落としたつもりはなく、教育社会学という分野で学校教育をどう理解できるのか、できるだけ網羅的に取り上げて説明しました。

本書は以下のように構成されています。

まず第一章で、今、教員がどのような状況に置かれているのか、特に近年教員の多忙化などが指摘されていますが、どの程度多忙で、労働環境がいかに厳しいものになっているのかを、日本の教員の採用システムに言及しつつ振り返ります。

第二章では、私たちの馴染《なじ》みの近代学校制度の成立と背景に迫ります。近代以降の学校は、それ以前から学校とよばれていたものと本質的な違いがあります。それは国家や政府による公的な制度の裏付けが与えられ、子どもたちがその制度に組み込まれたこと、そしてすべての子どもを組み込むために組織的な合理化が図られていることです。合理化や効率性を重視するのは近代以降の特徴であり、その特徴を体現したのが官僚制組織です。まずここでは、官僚制組織の性質や、出現の必然性についても説明します。

第三章では、学校が官僚制組織の一つであることを認めつつ、典型的な官僚制組織との相違点、また官僚制組織ゆえの短所について説明します。この組織的特徴がはらんだ短所が、昨今の学校周辺で起こる問題解決の難しさの原因になっている可能性を指摘します。

第四章では、学校が社会的にどういう形で役立っているのか、社会科学ではそれをどう説明するのかを述べています。一方で、そうした学校の機能を否定する学説もあります。なぜ否定されるのかにも触れ、両者の説明の長所、短所について理解を深めていただきます。

第五章では、第四章と逆に、学校制度が社会にどういった影響を与えているのかについての学説を説明したうえで、なぜ教育を受ける機会が不平等であることが社会問題になるのか、実際のデータを交えて論じます。近年よく話題になる教育格差について解説したのがこの章になります。

第六章では、個人化や多様化、あるいは経済のグローバル化が進む社会で、今の日本の学校教育のどこに世の中とのズレが生じ、問題が生じやすくなっているかを検討します。ここで整理された問題を受けて、終章で今後の学校がどうあるべきか、何を考慮すべきかを検討します。

本書は学校が抱える問題に対し、即効性のある解決策を提示しているわけではありません。しかし問題解決を試みるならば、まず現状をしっかり把握すること、その重要性を摑《つか》み取っていただければ、私の意図は達成されたことになります。

第一章　忙しすぎる教員と役割が多すぎる学校

パンデミックと学校の閉鎖

二〇二〇年は、ほとんどの人の生活様式の変容を促す、歴史に残る一年となりました。新型コロナ・ウィルス（COVID-19）の感染拡大が、これほど大きな影響を及ぼすとは、当初誰も予想していなかったでしょう。

日本で初の感染者が発表されたのは一月一五日、その後クルーズ船内での感染拡大が連日報道されるようになり、二月中旬には、国内で初の死者が報告されます。二月末には都内で初の死者が発生、その後大型イベントの自粛が要請されます。そして二月二七日、当時の安倍首相が小中高校の全面臨時休校措置を要請しました。それを受けて翌週から、一部の地域を除いたほとんどの学校が、突然閉鎖されることになったのです。

本書を執筆している二〇二一年五月現在、医療従事者や高齢者からワクチン接種が始まったものの、変異株が見つかり広がる傾向を見せるなど、予断を許さない状況にあります。

COVID-19の蔓延《まんえん》は現在進行形の状態にあり、この事態が教育システムや学校にもたらした影響を結論づけるデータや分析結果は、十分に出揃《でそろ》っていません。とはいえ、学校の閉鎖が多くの家庭に様々な影響をもたらしたことに疑いありません。

最初の緊急事態宣言の解除は二〇二〇年五月二五日、六月には学校は再開されました。しかしその休校期間に、学校をめぐって様々な思いを巡らせた人は少なくないはずです。

私たちにとって当たり前の存在である学校。それが突然閉鎖され、慌てた家庭も珍しくないでしょう。特に共働き世帯では、子どもをどこに預けるのか途方に暮れた方も多いのではないでしょうか。子どもは毎日家にいて、親の言うことも聞かず、テレビやゲームばかりで全く勉強をしなくて困り果ててしまった、という家庭も少なくないと思います。ここに到って、学校のありがたみを痛感した、ということかもしれません。

一方で、全く異なる捉え方をした人々もいたと思います。学校は、国家（政府）の定めた制度のもとで運営されています。ですから、教育のあり方が全く自由、ということはありえず、何らかの画一性や強制性という側面をもっています。その画一性や強制性を必要なものと捉えるのか、不条理なものと捉えるかは、様々な立場があり得ます。

ある人にとって学校の存在が当然とか、妥当と理解できるものでも、別の人にとっては非合理的で不必要な押しつけと感じ、学校は抑圧の象徴だと考える人もいるかもしれません。いじめや教師の理不尽な指導に苦しむ子や、不登校で世間から冷ややかな眼差《まなざ》しを向けられてきた子と保護者は、オンライン授業の存在に気づき、救われたかもしれません。

もちろんここまで私たちの社会に深く根付いた学校を、直ちになくすのは現実味がありません。とはいえ、学校をポジティブな存在と捉えるか、ネガティブな存在と認識するかは、時と場合、あるいは人により異なります。ただ両者の主張は全てが暴論とは言えず、そういう考えもあるかもしれないと共感できるものもあります。このような相対立する見方や解釈が説得力をもって共存できる点に、学校の置かれた複雑な立場が反映されています。

教員はどんな仕事をしているのか

学校教育法では、学校には校長、教頭もしくは副校長、教諭（教員）、そして事務職員を置くことが定められています。児童・生徒の立場で接する機会が多いのは、教員です。接して見てきただけに、私たちは教員の仕事の内容を理解している、と思いがちです。

表1は、教員の業務内容を整理したものです。文部科学省は二〇〇六年と二〇一六年に、小・中学校の教員の勤務実態調査を実施しています。その際、具体的に何の仕事を、どのく

児童生徒の指導関係	朝の業務	朝打ち合わせ、朝学習・朝読書の指導、朝の会、朝礼、出欠確認
	授業（主担当）	主担当として行う授業、試験監督
	授業（補助）	ティーム・ティーチングの補助的役割を担う授業
	授業準備	指導案作成、教材研究・教材作成、授業打ち合わせ、総合的な学習の時間・体験学習の準備
	学習指導	正規の授業時間以外に行われる学習指導（補習指導・個別指導など）、質問への対応、水泳指導、宿題への対応
	成績処理	成績処理にかかわる事務、試験問題作成、採点、評価、提出物の確認、コメント記入、通知表記入、調査書作成、指導要録作成
	生徒指導（集団）	正規の授業時間以外に行われる次のような指導：給食・栄養指導、清掃指導、登下校指導・安全指導、遊び指導（児童生徒とのふれあいの時間）、健康・保健指導（健康診断、身体測定、けが・病気対応等）、生活指導、全校集会、避難訓練
	生徒指導（個別）	個別の面談、進路指導・相談、生活相談、カウンセリング、課題を抱えた児童生徒の支援
	部活・クラブ活動	授業に含まれないクラブ活動・部活動の指導、対外試合引率
	児童会・生徒会指導	児童会・生徒会指導、委員会活動指導
	学校行事	修学旅行、遠足、体育祭、文化祭、発表会、入学式・卒業式、始業式・終業式などの行事、及びその行事の準備
	学年・学級経営	学級活動（学活・ホームルーム）、連絡帳記入、学年・学級通信作成、名簿作成、掲示物作成、動植物の世話、教室環境整理、備品整理
学校運営関係	学校経営	校務文掌にかかわる業務、部下職員・初任者・教育実習生などの指導・面談、安全点検・校内巡視、機器点検、点検立ち合い、校舎環境整理、日直
	職員会議・学年会などの会議	職員会議、学年会、教科会、成績会議、学校評議会などの校内の会議
	個別の打ち合わせ	生徒指導等に関する校内の個別の打ち合わせ・情報交換など
	事務（調査への回答）	国、教育委員会等からの調査・統計への回答
	事務（学納金関連）	給食費や部活動費等に関する処理や徴収などの事務
	事務（その他）	業務日誌作成、資料・文書（校長・教育委員会等への報告書、学校運営にかかわる書類、予算・費用処理にかかわる書類など）の作成
	校内研修	校内研修、校内の勉強会・研究会、授業見学、学年研究会
外部対応	保護者・PTA 対応	学級懇談会、保護者会、保護者との面談や電話連絡、保護者対応、家庭訪問、PTA 関連活動、ボランティア対応
	地域対応	町内会・地域住民への対応・会議、地域安全活動（巡回・見回り）、地域への協力活動、地域行事への協力
	行政・関係団体対応	教育委員会関係者など行政・関係団体、保護者・地域住民以外の学校関係者、来校者（業者・校医など）への対応
校外	校務としての研修	初任者研修、校務としての研修、出張を伴う研修、免許更新講習
	会議・打ち合わせ（校外）	校外での会議・打ち合わせ、出張を伴う会議
他	その他の校務	上記以外の校務、業務の都合上発生した移動

表1　学校教員の業務

出典：文部科学省『公立小学校・中学校等教員勤務実態調査研究』調査研究報告書（2018）16頁より一部改変

らいの時間やっていたかがわかる形で回答を求めています。ですから、この調査で挙げられている仕事の内容は、ほぼ教員としての業務を網羅しています。

児童・生徒からは、授業をしている教員の姿は目に入りますが、その準備、成績管理にどれほど手間がかかっているかは伝わりにくいものです。それ以外に、学校経営に関する会議や事務処理は近年増える傾向にありますが、これらは児童・生徒の目に触れにくい形で実施されます。しかもこれらの会議や事務作業は、児童・生徒対応に割く時間やエネルギーを圧迫しています。さらに、「開かれた学校」が求められている昨今、外部との交流、折衝も重要な教員の仕事となりつつあります。

COVID-19の感染拡大で学校が閉鎖されたとき、教員は休んでいたのではと誤解している人も多いようです。実際は、急な変化への対応に迫られ、それに付随して様々な会議や準備に追われました。

学校再開後も、児童・生徒の検温などの健康チェックを厳しく行う必要が出てきたり、クラスターの発生を未然に防ぐためあちこちを消毒して回ったり、という雑務が激増しています。さらに、休校期間の授業を取り戻すことも考えなければなりませんでした。COVID-19は、教員の多忙化をさらに促進したのかもしれません。実際、新聞でもそうした報道がありました（『朝日新聞』二〇二〇年一二月二九日、『読売新聞』二〇二一年一月一四日など）。

教員の超勤四項目

労働基準法では、労働時間に関する規定があります。これが法定労働時間で、原則一日八時間、週四〇時間です。ただし労働基準法第三六条に、使用者が労働者の過半数で組織される労働組合もしくは労働者の過半数を代表する者と労使協定を結び、労働基準監督署に届けることで、休日や時間外の労働が認められることが定められています。この時間外労働協定を（労働基準法第三六条にあることから）三六《さぶろく》協定とよぶことがあります。

公立学校の教員は、地方公務員と見なされます。地方公務員は一部の現業職を除き、公務のために臨時の必要がある場合には、三六協定なしに労働時間の延長や休日出勤が認められます（労働基準法第三三条）。もちろん無制限ではなく、「公務員の健康と福祉を害しないように考慮しなければならない」という付帯条件はついています。

ただこれだけだと、何をもって公務のために臨時の必要がある場合といえるのか、よくわかりません。そのため、教員については「公立の義務教育諸学校等の教育職員を正規の勤務時間を超えて勤務させる場合等の基準を定める政令」により、以下の四つの業務が時間外業務の認められる例として定められています。

①校外実習その他生徒の実習に関する業務
②修学旅行その他学校の行事に関する業務
③職員会議（設置者の定めるところにより学校に置かれるものをいう）に関する業務
④非常災害の場合、児童又は生徒の指導に関し緊急の措置を必要とする場合その他やむを得ない場合に必要な業務

以上の四つは、超勤四項目とよばれています。

教員の労働時間

具体的に、教員の勤務実態についてみてみましょう。表1で示した勤務実態調査によれば、平日の一般教員の勤務時間は、小・中学校ともに一一時間を超えています。本来、正規の勤務時間は七時間四五分とされていますが、大幅な超過です。しかも、勤務時間は一〇年前の調査より増加しています。もっとも、長時間労働は日本社会全体の問題なのかもしれません。

経済協力開発機構（ＯＥＣＤ）が実施している、国際教員指導環境調査（ＴＡＬＩＳ：Teaching and Learning International Survey）という教員対象の質問紙調査があります。最近では二〇一八年に実施され、日本も参加しています。

それによれば、日本の教員の一週間あたり仕事時間は、小学校で五四・四時間、中学校で五六時間と、参加四八カ国中最長です（ちなみに、参加国平均は三八・三時間）。そしてＴＡＬＩＳでの仕事時間も、前回の二〇一三年より延びる傾向がありました（前回は五三・九時間）。

日本の教員の授業時間は、他国とあまり変わりません。つまり、教員の主たる業務である授業が他国より多いから、労働時間が長いわけではないのです。

ではなぜ勤務時間が長くなるのでしょうか。例えば、中学校教員では課外活動（いわゆる部活動）があり、これは週七時間以上で参加国中最長です（国際平均は一・九時間）。事務も週五時間を超えており、やはり参加国中最長です（平均二・七時間）。

部活動は超勤四項目には含まれません。というのも、部活動は正式な業務ではなく、やらなければいけないという命令を出して行わせる根拠もない、だからやりたい教員が自発的にやっているだけなので時間外手当の対象にならない、という理屈になっているのです。

第三章で触れますが、アメリカやヨーロッパでは教員の仕事が授業を中心とする学習指導に特化し、それ以外の指導は個別の専門職が担うのが一般的です。一方、日本の教員の指導範囲は多岐にわたっています。だとすると、日本の教員は学習指導以外に時間もエネルギーもとられているのではないか、と想像してしまいます。

ただ日本の学校の教員は、授業計画や準備に費やす時間が週八・六時間（小学校、中学校では八・五時間）で参加国中最長であり（平均は六・八時間）、本業の授業にはかなり熱心に取り組んでいるといえそうです。問題なのは、授業の技量を向上させる研修や勉強会・研究会などの職能開発時間に費やした時間が週一時間にも満たず、参加国中最短です（平均は二時間）。

このことを反映してか、教員がより一層自分の能力を伸ばす必要性を感じるものを選んだ時、「担当教科の分野に関する知識と理解」及び「担当教科等の分野の指導法に関する能力」と回答した教員は半数を超え、参加国中では圧倒的に高い割合となりました。専門性の強い職能開発ニーズはかなりあり、日本の教員は総じて自己の能力を高めようという意欲が高いと評価できます。ただそれは授業に熱心に取り組みながらも、自分の仕事をしっかり自省し、スキルアップを図る時間がない、その余裕がないことの反映とも解釈できます。

実際、教育学者の斎藤里美氏はTALIS2013の結果を（二〇一三年の結果も、二〇一八年と大きな違いはありません）、日本の教員が本来の専門性とは関連の薄い業務に膨大な時間を費やさざるを得なくなっており、それゆえ専門性を伸ばすための活動が物理的に不可能となっている、それゆえ自分は教師としてうまくやっていけているのかという不安や焦燥感に駆られるため、自己効力感や仕事満足度も低くなる（実際、日本の教員の自己効力感や満足度は、他の国に比して低い）、と解釈しています。

教員の休職

近年のこうした教員を取り巻く様々な困難が、精神疾患で休職する多数の教員を生んでいます。図1がこの一〇年ほどの、精神疾患による休職者数と、その休職者が在職者中に占める割合を示したものです。

公務員が職責を十分果たせないとき、その任命権者は、公務能率の維持とその適正な運営の確保のため、身分保障することを前提に、身分関係の不利益な変動を伴う処分を課すことができます。これを分限処分といいますが、心身の故障もその根拠とされており、処分の内容は、免職、休職、降任や降給があり得ます。いずれにせよ、病気を理由とする分限処分は

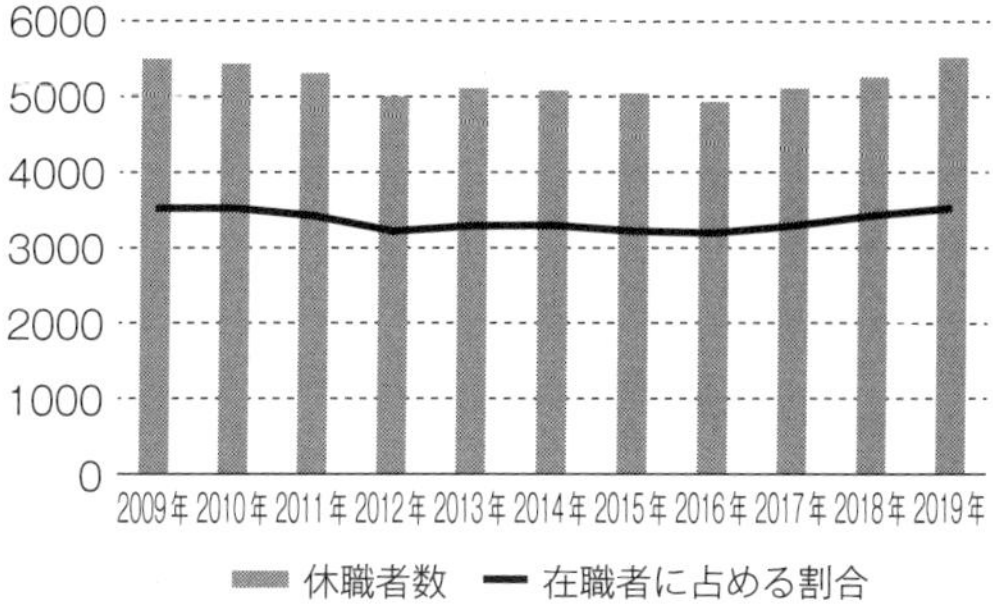

図１　教員の精神疾患による休職者の推移（人数と割合）
出典：文部科学省『公立学校教職員の人事行政状況調査』

毎年ほぼ八〇〇〇人で、精神疾患はそのうち約六割です。

精神疾患の原因は、いろいろ考えられます。土日も部活動の監督のため出勤せざるを得ない、平日の勤務もほとんど休みがない、そもそも勤務時間が長い、という問題もあります。形式的に休み時間はありますが、休み時間や給食の時間（昼食時）に子どもの相手をしなくてよいことにはなりません。業務と休憩の切れ目が曖昧なのも、教員の仕事の特徴です。

また、先に教員の労働時間のことに触れましたが、それはあくまで学校にいる時間です。授業準備など、教員は持ち帰りの仕事をすることも稀《まれ》ではないので、実態はもっと労働時間が長いとみていいでしょう。

バーンアウト（燃え尽き症候群）

以前、教員の燃え尽き症候群（バーンアウト）も話題になりました。真面目で熱心な教員ほど、バーンアウトに陥るリスクが高まるといえます。

教育は、他者があって成立する営みです。教える側は、対象となる教わる側に「こうなってほしい」という期待を込めて何らかの教育的指導をします。しかし教わる側の反応は、必ずしも教える側の意図通りに返ってくるわけではありません。

もちろん努力が実を結ばないことは、教育活動に限らず何にでも起こりうることです。ただ教育活動は、教える側の善意や意図が伝わるとは限りません。むしろ迷惑に受け取られたり、反発されたりする可能性もあります。もちろん、善意で行う教育活動が、客観的にみて（あるいは誰からみても）「よい」といえるかは別問題です。

いずれにせよ、教員の努力や真摯な姿勢が期待通りの成果をもたらさない可能性があるだけではなく、保護者や子どもの要求も多様化し、そうした要求にきめ細やかに対応することが求められています。これらに応えられるか否かは、自らや学校の評価に関わります。そうなると、日常的にプレッシャーを感じつつ教育活動を行わざるを得ません。

教員は多忙ゆえに時間がなく、自分の技量を高める機会も失われています。したがって、内心は不満や不安感もあるでしょうし、もし成果が上がらなかったり、保護者からクレームがあれば、それは自分の技量が足りないからだ、と自らを責める教員も出てくるでしょう。

厄介なのは、真面目な人ほど自分を責めて考えがちですし、またあらゆる業務に手を抜こうとせず、熱心に取り組もうとします。

そうした無理は、どこかで限界を来します。成果が出れば、一時的にストレスが軽減されるかもしれません。しかしそうでなければ、自分の熱心に取り組んできたことの意味が見出せなくなってしまいます。そうした無力感に襲われると、突然何もやる気が起きなくなり、鬱状態に陥るのです。教育研究者の妹尾《せのお》昌俊《まさとし》氏が『教師崩壊』で数々のエピソードを挙げているように、深刻な場合、自死という最悪の結果をもたらすのです。

職員室の光景

ではなぜ、教員の仕事は膨大になるのでしょうか。

日本の学校の職員室を思い浮かべてください。学校の先生は、授業以外では、机の並べられた教員用の大部屋、すなわち職員室で、仕事をしていることが多いでしょう。机の間はパーティションで区切られているわけではなく、教員同士の会話も容易です。学校段階により多少の違いはあるでしょうが（小学校だと、自分の担任している教室で過ごす先生が多いかもしれません）、授業外で先生は職員室にいることが多く、職員室は学校でも賑《にぎ》やかな空間だろうと思います。

実は、教員の居場所としての職員室は、海外では必ずしも一般的ではありません。私自身、ヨーロッパでいくつかの国の学校を視察したことがありますが、日本人がイメージするような職員室は見たことがありません。せいぜい、授業間の休憩ができるちょっとしたスペースがある程度ですが、そこにある机や椅子は共用です。

こうした部屋などの空間の利用は、教員の仕事、職務の範囲をどこまでとるか、という考え方の違いを反映しています。

多くの諸外国の教員の職務は授業を行うことにあり、学習指導に特化しています。極端に言えば、自分の授業さえやれば、学校にいる必要すらありません。普段の生活指導、進路指導などは、そもそも学習指導を行う教師の仕事とは見なされていないことも多いのです。

それに対して、日本では生活指導と学習指導は一体であり、当然学習指導と進路指導も切り離せない、という考え方が一般的ではないでしょうか。多少の役割分担はあるにせよ、日本の教員は、児童・生徒の学校生活すべてをみています。

また日本では、生活態度は学業成績に結び付くと考えて、生活指導をしている教員も多いのではないでしょうか。生活指導と学習指導を概念の上で分けることはできるが、現実には生活指導の際にも学習指導のことは念頭にあり（逆も然《しか》りです）、両者は補完的に行うと考えるのが主流だと思います。

進路指導ともなれば、進路選択に児童・生徒の成績は無視できませんので、学習指導と進路指導を切り離すなど想像もできない、という考えの教員が多いと思います。

このような考え方が主流の組織で重要になるのは、教員間のコミュニケーションです。子どもたちの普段の様子、教室での過ごし方、あるいは家庭で何か問題を抱えていないかなど、情報の共有が重要です。そうした情報を共有することで、教員たちが問題に協力して立ち向かう体制が作られるわけです。日本の職員室は、そうしたコミュニケーションには都合の良い形態となっています。

反面、お互いの仕事ぶりもよく見えます。時間外まで仕事を続ける同僚がいる中で、勤務時間が終わったからとさっさと帰るのは、やりにくいでしょう。教育熱心そうに見えることは称賛されますし、「遅くまで熱心にやっている」という評判が同僚だけではなく、保護者にまで浸透すれば、その風潮を無視するのも難しくなります。むしろ遅くまで熱心に仕事をするのが素晴らしい、保護者もそのような教員の働きぶりを当然と考えるかもしれません。

たかが部屋のあり方、と思うかもしれません。しかし働く人の過ごす場所の構造や雰囲気は、働き方に影響します。またそこで育まれた意識が、普段の居場所の構造を強固にします。どこかで歯止めをかけておかないと、現行の職員室は多忙化や長時間労働を促進する要素を持っているといえます。

教員の時間外労働と報酬

教員の長時間労働自体も問題ですが、それに対する報酬がきちんと支払われているのかも考えなければいけません。

労働基準法について触れましたが、そこでは使用者がやむを得ず時間外労働に従事させる場合、時間外手当（残業手当）を支払う義務があることも定められています。しかし教員には当てはまりません。

公立学校教員は公務員になりますが、一般の公務員と異なり、勤務態様が特殊である（仕事の内容が明確に定義できず、また何時から何時まで、という勤務時間を決めるのが難しい）という事情から、一般の公務員より高い俸給が支払われ、その代わりとして、かつて文部省は、教員に超過勤務をさせない指導をしてきました。

ところが実際にその指導は守られることなく、また給与体系の改正で一般公務員との俸給差もなくなってきました。それで超過勤務手当を求める訴訟があちこちで起こされたのです。

一九六六年度に教員の勤務状況実態調査が行われ、その結果に基づき、超過勤務が行われた場合には、その手当は給与四パーセント分、ということが示されました。そして一九七一年、「公立の義務教育諸学校等の教育職員の給与等に関する特別措置法（給特法）」が成立し、教員には給与月額四パーセントの教職調整額を付け加えた給与が支払われることになりました。ただ教職調整額がついた代わりに、時間外勤務手当や休日出勤手当は支払われないことになりました。

教員給与については、給特法とは別に、一九七一年の中央教育審議会答申に基づき、一九七四年から施行された「学校教育の水準の維持向上のための義務教育諸学校の教育職員の人材確保に関する特別措置法（人材確保法）」に基づく優遇措置もあります。この法律により、一般公務員より給与を優遇し、優秀な人材を確保しようとしたのです。ただ政府の財政が厳しいため、財政縮減策の一環としてこの法律はターゲットになりやすく、二〇〇〇年代に入って様々な修正がなされた結果、今は優遇性がほとんどなくなりました。

教員の労働という点で問題になりやすいのは、給特法です。なぜなら、教職調整額の見返りで時間外手当や休日出勤手当が支払われないので、実態として無給の超過勤務に歯止めがかからなくなっているからです。

二〇一九年に給特法は一部改正されました。とはいえ財政が厳しいので、超過勤務手当を支払う方向には行きたくないのが政府の本音なのでしょう。この改正で、日常的な業務の縮減と、一年ごとに変形労働時間制を導入することが決まりました。

教員の仕事は、新学期や成績を付ける学期末などは忙しくなる一方、長期休暇はさほどでもないという季節性があると言われています。そこで勤務時間を繁忙期に一日一〇時間まで増やせ、そうでない時期は勤務時間を短くしたり、休みにしたりできる、というのが変形労働時間制です。そうすることで、夏休みのような比較的余裕のある時期に、まとめて休みをとることが可能になる、というわけです。

二〇二一年四月から施行されたその改正給特法ですが、評判はよくありません。変形労働時間制の導入と、長時間労働の解消には関連がないからです。多忙な時期だからと一日の勤務時間を一〇時間まで延長できれば、多忙化の抑止どころか促進にもなりますし、長時間労働を法的に正当化することにもなります。

また夏休みなどの長期休暇は、児童・生徒にとっては休みですが、教員も一緒に休んでいるわけではありません。各種研修がこの時期に集中しますし、補習や部活動、プールの開放などもあり、長期休暇は仕事がないことを意味しません。

「ブラック労働」と揶揄《やゆ》されても仕方のないこのような教員労働の実態が徐々に知れ渡り、近年は教員の人材確保が難しくなっています。

教員免許の取得と採用試験

子どもにとって、学校に通うようになってからは、保護者以外に最も多く接する大人は教員でしょう。ですから、将来の職業として、教員は思い浮かべやすいと想像できます。世の中には様々な職業が存在するわけですが、数多《あまた》ある職業の中で教員という仕事を選択することは、何を意味するのでしょうか。

まず、教員を採用する仕組みから考えてみましょう。日本の教員採用の特徴は、免許制と開放制でまとめられます。

免許制は、教壇に立って子どもたちを教えるには、免許が必要だということです。免許は、大学院修士レベル（専修免許）、四年制大学レベル（一種免許）、短大レベル（二種免許）に分類されていますが、いずれも、各免許状に応じた学位を取得（卒業もしくは修了）し、かつ教育職員免許法施行規則で定める科目の単位を大学で取得していなければなりません。

教えようとする学校段階で免許も異なるので、小学校と中学校で教えようとすると、小学校の免許状と中学校の免許状が必要です。さらに中学校・高校では、免許で教えられる教科も限定されています。

免許状の二〇一八年の発行件数ですが、のべ人数（一人で複数種の免許を取得できますが、それもすべて別個にカウントした数値ですので、実際の人数は多少減ります）で専修免許が約一万三〇〇〇、一種免許が一四万強、二種免許が五万弱、合計すると約二〇万となります。ただ、このすべてが教員になるわけではありません。さらに、実際に教員になるには、教育委員会や私立学校の学校法人が実施する採用試験に合格しなければなりません。

公立学校に限定されますが、年による変動は大きいものの、二〇二〇年度の採用試験受験者は一四万人を切っています。数年前まで一七、八万ほどの受験者がいましたが、急減しています。採用者数は三万五〇〇〇人ほどです。さらに言えば、受験者の七割近くが既卒者ですので、「免許はとったが、採用試験は受けない」人がかなりいることになります。何かあった時の保険、みたいな気持ちで、教職課程を履修し免許を取得した人も多いのかもしれません。

図2に示しましたが、教員採用試験の倍率の年度ごとの変動は大きく、ここでは示してい

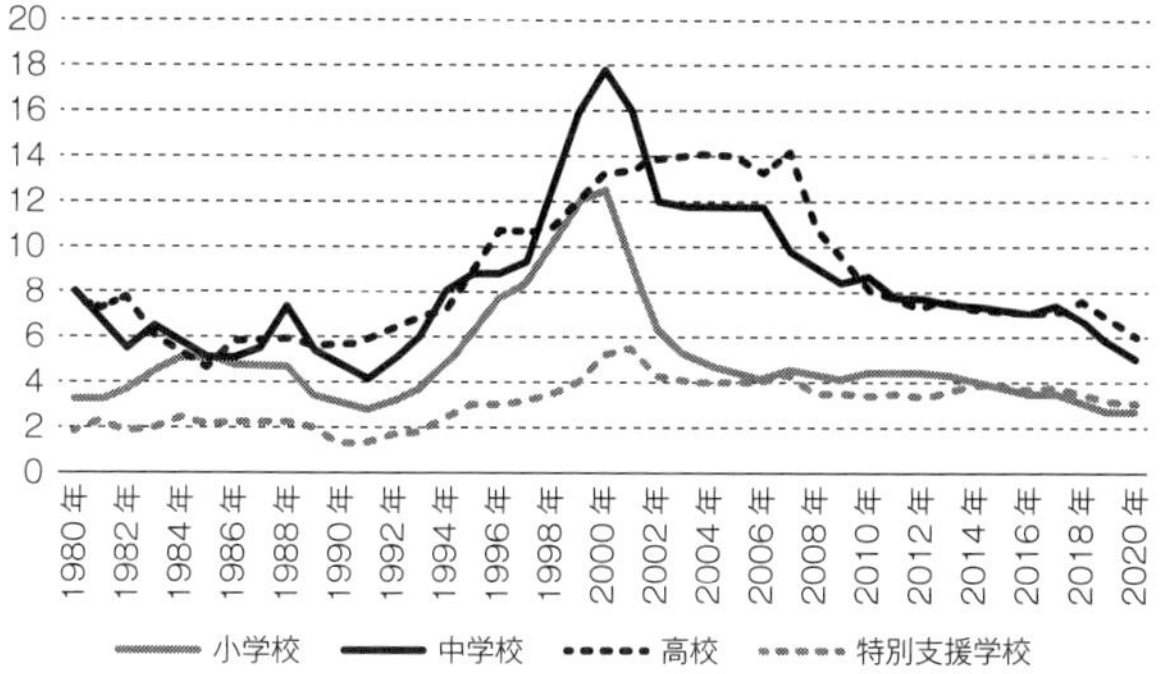

図2　教員採用試験の採用倍率の推移
出典：文部科学省『公立学校教員採用選考試験の実施状況』

ませんが地域差もかなりあります。とはいえ、ここ最近はちょうど人数の多い世代が大量に定年退職するため（図3）、それを埋めるだけの人材を採用する必要があります。

COVID-19の影響がどのくらいあるかはわかりませんが、二〇一九年以前は就職状況が必ずしも悪くなかったこと、教員の悪い労働条件がよく知られるようになり、教職の魅力が失われつつあることなどから、採用試験の倍率が低下傾向にあります。特に二〇二〇年度の小学校採用試験は全国で二・七倍と、過去最低でした。

教員免許の開放制

教育職員免許法施行規則に定められた教職課程科目は、いわゆる教員養成大学だけではなく、多くの

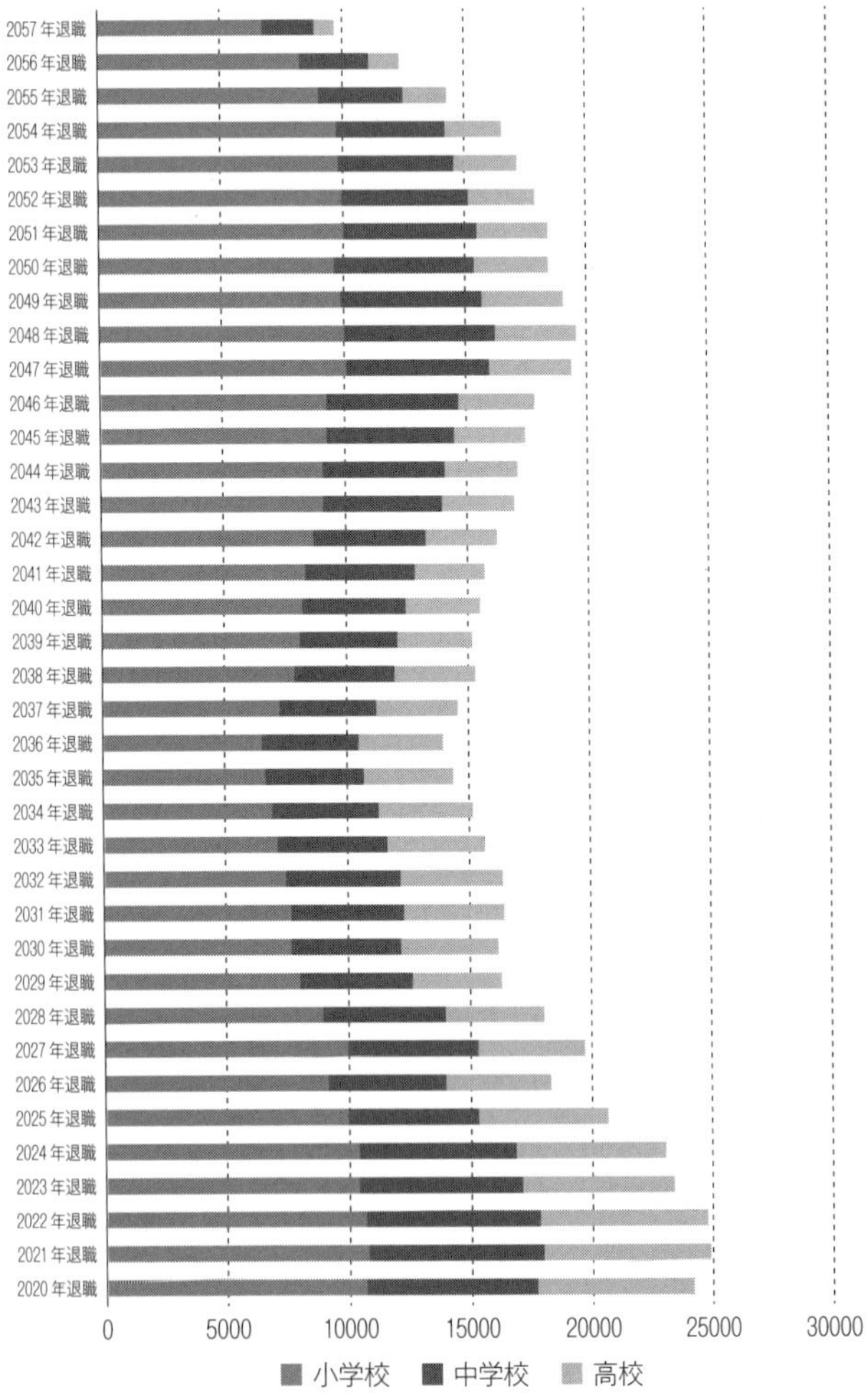

図３　公立学校年齢（退職年度）別教員数

出典：文部科学省『令和２年度公立学校教員採用選考試験の実施状況について』

一般の大学にも教職課程科目という形で設置されています。つまり教員養成を、教員養成に特化した大学や教育機関に限定しないこと、これが開放制です。教職課程科目を設置している大学は、課程認定大学とよばれます。

課程認定大学が免許状を与えるのにふさわしいか否かの判断は、文部科学省の下にある中央教育審議会の初等中等教育分科会にある教員養成部会が、教職課程認定基準に基づき決定します。具体的には、教員養成部会が課程認定委員会という組織に付託して、大学の学科等の性格と免許状の関連性、カリキュラム、教員組織など様々な点に着目し、課程認定大学を審査しています。

開放制を採用したのは、第二次世界大戦以前の旧制学校制度にあった「師範学校」という閉じた場で養成された教員が、批判的精神や広い視野を欠き、軍国主義的な教育を邁進《まいしん》するのに一役買った、という反省に基づいています。つまり広い分野から、多様な背景をもった人材が教員になれることを制度的に保障したわけです。

教員養成大学の場合、卒業に必要な単位に教職課程科目が含まれており、免許取得が条件となります。ただし、教育学部を出ても教員にならない卒業生が多数を占めた時期があり、一部では教員免許取得を卒業の条件としない、いわゆる「ゼロ免課程」も設けられました。

一方、一般の大学を出て教員になる場合、卒業要件と教職課程科目は連動しておらず、卒業要件科目にプラスして、教職課程科目をとることになります。小学校教諭の場合、教科担任制をとっておらず、原則全教科を教えます。こうした事情や、教職課程認定基準により、幼稚園や小学校の教員養成大学でないと、事実上幼稚園・小学校教諭の免許を取ることはできません。したがって、一般大学卒業者の幼稚園・小学校教諭免許取得のハードルはかなり高いといえます。

もし一般大学を卒業して小学校の教員免許を取得する場合は、小学校教員養成課程大学に編入するか、一部の私立大学が開講する通信課程教育で単位を取得するのが最も現実的です。

図4は、三年に一度実施される『学校教員統計調査』に基づき、教員の学歴の分布を示したものです。これをみると、今の日本の教員は、小学校と義務教育学校を除き、教員養成系の教育機関を卒業した人は多数派ではありません。小学校・義務教育学校も、教員養成系の出身者は半分強に過ぎず、圧倒的に多いわけではありません。

従来は景気がよくないと、相対的に安定した職業とみられる教員の人気は比較的高いと言われていました。特に地方出身者で地元に戻りたい場合、教員は高等教育を受けた人が地方でもなれる、安定した魅力的な職業と見なすこともできます。高校生の志望校選択でも、教

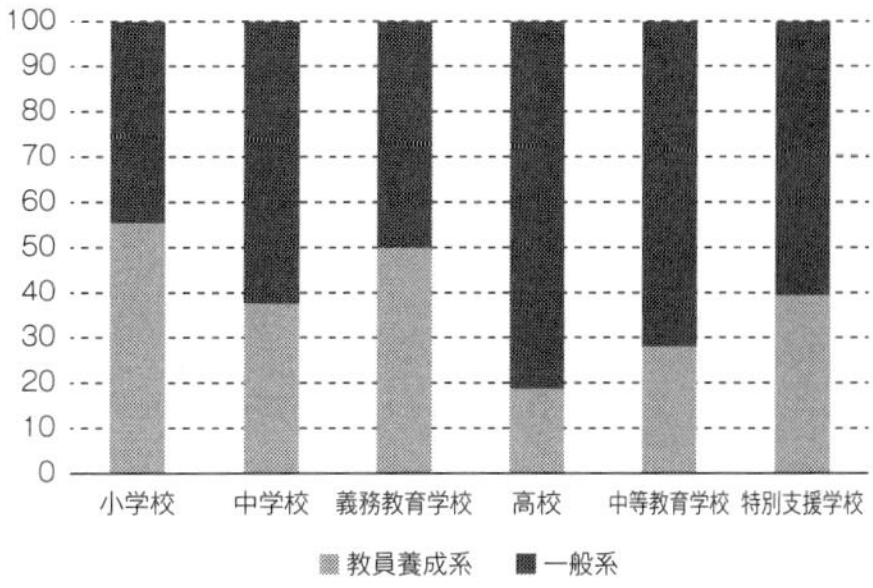

図４　教員の出身大学（大学院・短大も含む）

出典：文部科学省『学校教員統計調査』（2019 年度）

育学部が不人気なわけではありません。日本経済の状況が好調とは言えない中で、COVID-19 のような不確定要素が出現する今、教員だけがブラック労働だと言われているわけでもありません。

にもかかわらず、教員採用試験の受験者の減少や倍率の低下が起きているのは、職業選択が現実化した時、選択を踏みとどまらせる何かがあるということであり、文部行政関係者はその現実を厳しく認識する必要があります。特に小学校教員採用の倍率が低下しているのは、開放制をとりながら、実質的に養成のルートが教員養成系の大学に限定されており、他からの参入のハードルが高いせいもあると思われます。

教職課程コアカリキュラムと課程認定の厳格化

教育現場で様々な問題が起こる中で、それに対応できる人材を養成できていないという批判があり、二〇〇一年に「国立の教員養成系大学・学部のあり方に関する懇談会」は、教職課程の水準を保てるよう、コアカリキュラムを作成する必要があると提言しました。そして主に国立の教員養成大学でメンバーが構成される日本教育大学協会で、そのコアカリキュラムの検討が進められてきました。

コアはcore、すなわち芯とか中核のことです。したがってコアカリキュラムは、目的とする人材育成（この場合は教員養成）の中心をなす、基本的知識や技術を修得させる科目群から構成される教育課程を指すと考えればよいでしょう。

これがもとになって、二〇一五年の中央教育審議会答申「これからの学校教育を担う教員の資質能力の向上について」では、教職課程コアカリキュラムを関係者が共同で作成し、このカリキュラムの全国的な水準を保つことが重要だとされました。

元文部科学事務次官である前川喜平氏によれば、以上の経緯もあって、教職課程コアカリキュラムは一般大学の教職課程のことは念頭になく、国立の教員養成大学のスタッフや組織を前提につくられたところがあったとされます。その後、「教職課程コアカリキュラムの在り方に関する検討会」が二〇一七年に教職課程コアカリキュラムをまとめたのですが、いつの間にか教職課程コアカリキュラムは、教員養成大学に限らず、すべての大学の課程認定に使われるようになりました。

このことは課程認定審査の厳格化を意味します。私は大学に勤務しており、教えていた一部の科目が教職課程の専門科目に指定されたり、生徒指導・進路指導といった教職科目を担当した経験もあります。その際には、開講科目のシラバス（授業の目標や計画などが記された一種の講義要項）や担当者の業績（教職に関連する論文などの発表実績があるか、あるいは免許状と専門とが関連しているのか）について、事細かな審査が入るようになりました。この審査は重箱の隅をつつくような細かいもので、要請に耐えかねる一般大学は、コストに見合わないと、教職課程を取りやめるところも出てきています。

文部行政にありがちですが、こうした議論において、実証的なデータに基づき、これまでの教員養成のあり方を検証した形跡はほとんどなく、ひたすら理念とムードで議論が重ねられてきた感があります。一見、カリキュラムの標準化や厳格化は悪くないように映るかもしれませんが、一部の教員養成系大学がこのコアカリキュラムの適用を受けるだけならまだしも、一般大学にも適用されるとなると話が違ってきます。開放制は教員のバックグラウンドを多様にする点に最大のメリットがあったわけですが、穿《うが》った見方をすれば、一般大学が細かい審査に音を上げて教職課程から撤退し、結果として教員養成が閉鎖制となることを目論んでいるのでは、と見えなくもありません。

問題は、開放制の理念が失われつつある、というにとどまりません。希望職業としての教員の魅力が薄れている今、教員を目指せる人材確保先を多く確保するメリットは大きいはずです。しかし文部行政は、それにあえて逆行する政策を推進しているともいえるのです。

教員免許更新制

二〇〇九年に教員免許更新制が導入されましたが、これも教員の多忙化を促進し、教職を忌避させているとして、萩生田光一文科相が文科省の下に設置されている中央教育審議会に、抜本的見直しを諮問する動きが生じています（『朝日新聞』二〇二一年三月一三日朝刊）。

免許更新制は、アメリカの一部の州でみられますが、世界的には一般的な制度ではありません。ただ二〇世紀末に議論が始まり、二〇〇〇年代に入って議論が本格化しました。教員としての能力を欠く、いわゆる「不適格教員」の扱いが問題になっていましたが、文部科学省は免許更新制度を、不適格教員の排除のために導入したわけではないと述べています。

ところが、内閣府のもとにあった規制改革・民間開放推進会議の第三次答申（二〇〇六年）で、「教員免許更新制については、児童生徒・保護者による評価を踏まえて、教員としての資質を欠く場合の分限免職を行う上での要素として活用可能な制度とすべき」という提言がなされています。
また二〇〇六年一〇月、当時の第一次安倍内閣が、内閣の下に設置した教育再生会議の第一次報告（二〇〇七年一月）では、緊急対応として教員免許更新制の導入が提案されており、その中には「真に意味のある教員免許更新制の導入」と書かれています。この「意味のある」とは、「一〇年ごとに三〇時間の講習受講のみで更新するのではなく、厳格な修了認定とともに、分限制度の活用により、不適格教員に厳しく対応することを求めます」とあるように、更新を形式的なもので済ませてはならない、というニュアンスが込められています。
さらにその後には、具体的に以下のような記述があります。

指導力不足と認定されている教員については、更新講習ではなく、指導力を上げるための研修を優先的に行い、改善が図られない教員については、分限制度を有効に活用し、教員免許状を取り上げるなど、不適格教員に免許を持たせない仕組みとする。

これが書かれていたのは免許更新制の箇所ですので、免許更新制と不適格教員の排除は一体のものと解釈されてもおかしくありません。要するに、（こういうことは、縦割り行政の中でよくあるのですが）政府の中で立場が一貫していません。

おそらく、文科省は免許更新制度の導入に問題があることは理解していたと思われます。というのも、もともと指導力不足の教員を処分したり、指導改善研修を行う制度は存在しているからです。また二〇〇三年からは、一〇年経験者研修という研修プログラムも導入していました。教員免許更新制は、そうした既存の制度との整合性が問われますし、実際、問われてきました。

しかし内閣の設置した教育再生会議などは、基本的に文科省の傘下ではなく、独立して設置されたものです。それゆえ政治主導で、目立つことをして政治的な実績を残そうとするインセンティブが働きがちです。教育制度を必ずしもよく知らない（また当時の政権の意向を強く反映した）委員が述べた極端な意見が、政策に反映されることがあります。現行の免許更新制は、単に業務や手続きを増やしただけで、目的とされる教員の資質向上に寄与している制度と評価できるかは極めて疑わしいものです。

そもそも免許更新制度が導入される二〇〇九年以前に免許を取得した人にとっては、終身有効だったはずの免許が、後づけで時限付きとなった点で納得しがたいでしょう。また自動車の運転免許のように、更新時期に通知が来ることもありませんし、二〇〇九年以前の免許には有効期限は書かれていません。多忙な業務のため、うっかり更新を忘れて免許が失効し、職を失うことまで発生しており（『朝日新聞』二〇二一年四月六日朝刊）、不祥事に伴う処分と比べても、教員の身分保障の点で極めてバランスを欠いています。

こうした問題もあり、中央教育審議会は、更新制の廃止も検討することになりました（『朝日新聞』二〇二一年五月二五日朝刊）。

どんな人が教員になろうとするのか

以上は近年の教員の働き方などを中心に比較的よく言及される問題点ですが、本書では教職という仕事そのものの内容、あるいはそうした教職を目指そうとする人々の特徴も検討してみたいと思います。

図4で触れたように、現在の教員は必ずしも教育学部出身者で占められているわけではありません。とはいえ、大学の学部の種類はたくさんあるので、そうした多数の学部がある中で、教育学部出身者は相対的多数派を占めていると捉えることも可能です。

高校生が大学での専門を選ぶとき基準となるのは、一つは勉強したい（興味のある）分野かということ、もう一つ無視できないのは将来就きたい職業との関係です。ただ興味にしても、将来像にしても、はっきり決まっている高校生は必ずしも多くありません。また何となくイメージは抱いていても、イメージと現実が異なることはよくあることです。

興味も就きたい仕事もはっきりしないが、取りあえず進学したいという人は、俗な言い方をすれば「つぶしがきく（就職に不利にならない）」という理由で、就職がよいとされる学部を志望することもあるでしょう。こういう風潮を望ましくないと考える人は、キャリア教育を充実させたがるのですが、理想はともかく、これは否定できない現実です（私自身は、興味や希望職は、学んで後からついてくることもあるので、とりあえず進学、という選択肢があっても構わないと思っていますが、ここでは置いておきます）。

大学の専門（学部）は、医学部や歯学部のように、職業と専門が直結しやすいものがあります。教員養成系の教育学部は、全員が教員になるわけではないものの、どちらかといえば職業と専門の関係性が強いといえます。したがって、特に目的意識やなりたい職業がないまま、取りあえず進学したい人は、教育学部は選びにくいでしょう。換言すると、教員になろうという気持ちが多少でもあるからこそ、教育学部を選ぶのだと考えられます。

ここで図5と図6をご覧ください。これは私たちが二〇一二年に実施した調査で、当時高校二年生時点での志望学部（専門）と、大学進学後に実際に進学した学部（専門）の関係を示したものです。それぞれの学部（人数）の定員自体が異なるので、あくまで参考として大まかな傾向だけを見てください。

図5のほうは、分母が高校生の時にそれぞれの学部（専門）を志望していた人の人数で、分子が実際にその専門に進学した人、つまり高校時の志望の実現率と解釈できます。

一方、図6の分母はそれぞれの学部（専門）にいる大学生が分母で、その中で高校の時からその学部を志望していた人が分子となります。つまり大学生に対し、もともとこの専門を勉強したかった人、と尋ねて手を挙げた人の割合、と考えてください。

図5に関していうと、この割合が高いということは、高校時代からある程度勉強したい内容や進路が固まっていて、しかもそれが実現している人が多いことを示します。高校時代に希望があっても、入試などで失敗したり、何らかの理由で志望を変えざるを得ない、興味関心が移って他の専門にした、というときには、この割合は低下します。

この中で「教育・保育」は、志望者数自体も（ここで分類されているカテゴリーの中では）最も多いですし、しかも実現率が半分以上で上から三番目です。二位の「建築・土木・都市工学」はもともと選択した人数が多くないので、そのことを考えると、高校時代から志望し

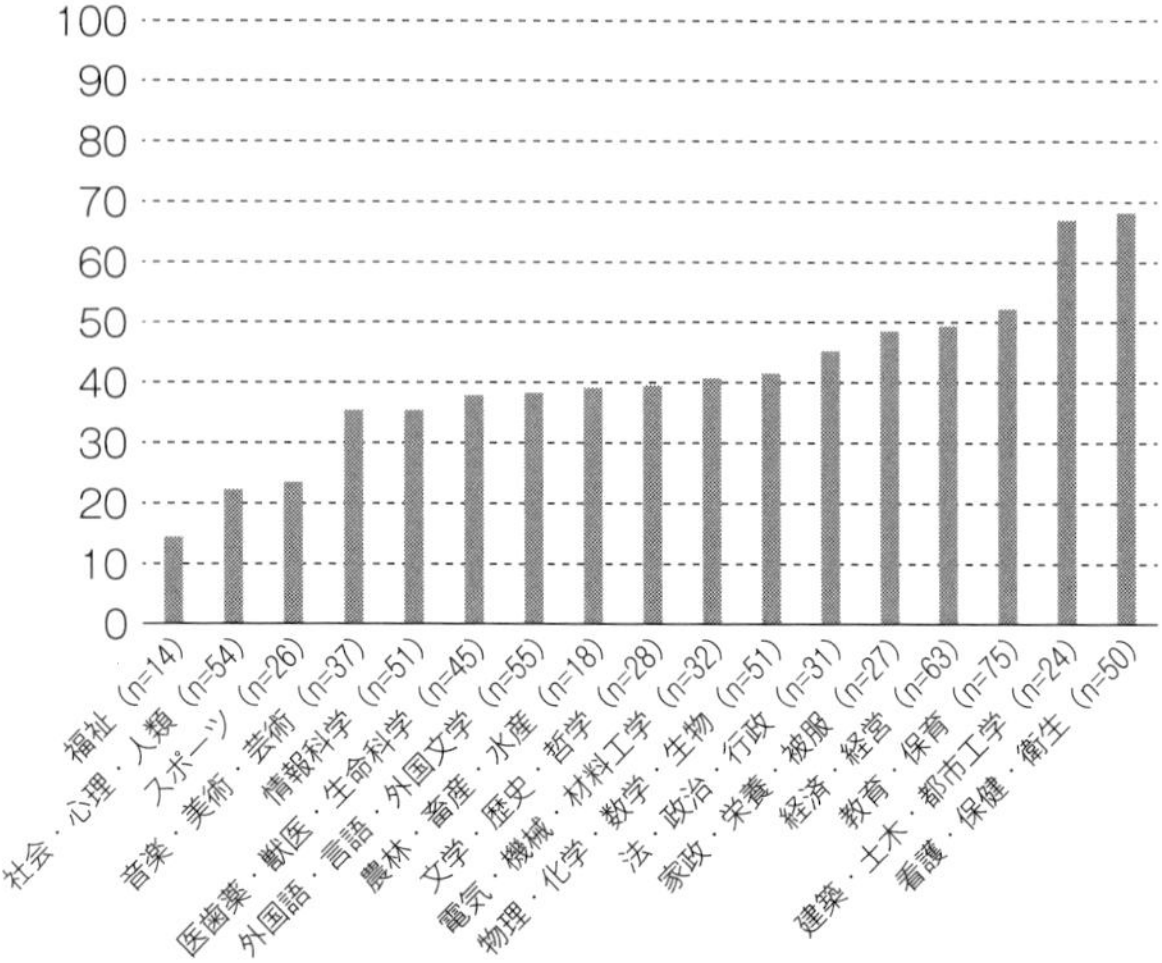

図５　高２で希望した専門を実際に実現した割合（%）
出典：『高校生と母親調査』（2012）

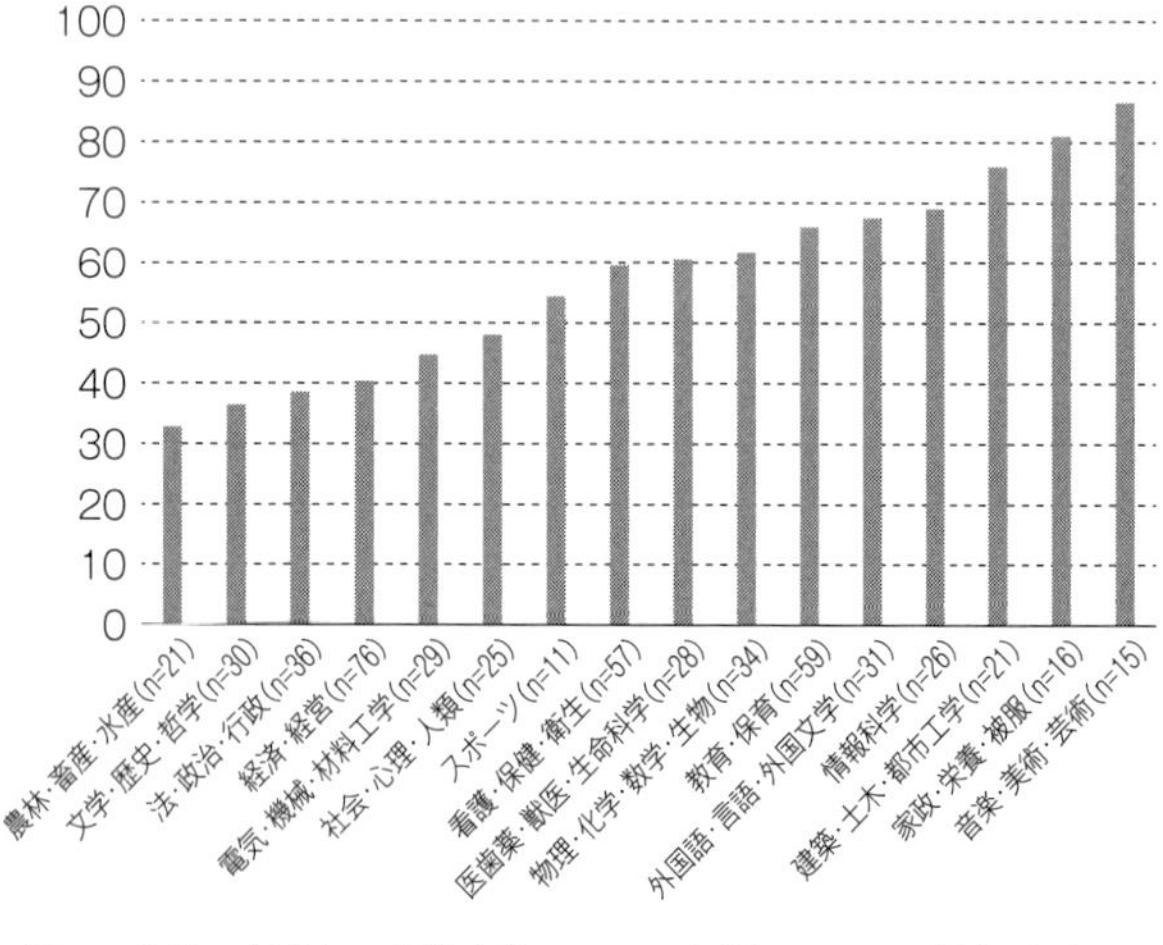

図６　大学の専門内で高校時代からそこを希望していた割合（%）
出典：『高校生と母親調査』（2012）

ていた専門が実際に実現した人の割合が高い専門だといえます。
図6は、割合が高いほど、高校時代から一貫してその分野を選択しようと考えていた学生で占められていることになります。夢や目標が実現した割合、ともいえますし、逆にこの割合が低いということは、その学部・専門の学生は、高校時代に別の分野を志望していた人が多数を占めていることを意味します。

人数は少ないのですが、「音楽・美術・芸術」は図6では一番割合が高く、実際進学した人の九割近くは高校時代からこれらの専門に進もうと考えていたことになります。ただ図5をみると、高校二年時に「音楽・美術・芸術」を志望していた人で、実際にそれを実現した人は四割に満たない数となります。これらの専門の定員枠は小さいので、入るのが難しいのが大きな原因でしょう。またこれらの専門を活《い》かした職業は限定されるので、そのことを考えて進学の前に自ら専門を変えた人も少なくないと思われます。一方、芸術系の専門は、相当に特殊な受験の準備が必要になると考えるのが自然でしょうから、受験の段階になって他の専門から移ってくるということもなかなか起こりにくいと考えられます。

図6の中では、「教育・保育」は六位とそれほど目立っているわけではないですが、相対的には上位です。またそれより上位にある専門に比して、「教育・保育」の学生の人数は多

	専門職	非専門職
専門職希望	73	101
非専門職希望	54	174
	教員	非教員
教員希望	11	20
非教員希望	8	363

表2　高校時代の希望職と実現した職業の関係（N＝402）
出典：『高校生と母親調査』（2012）

く、多い人数の中で、七割弱が高校時代から「教育・保育」を志望していた、という点は、注目に値します。またいわゆる文系に所属する学部が、「外国語・言語・外国文学」を除き、すべて半分を切っています。つまり文系学部に所属する学生は（外国語・言語・外国文学を除き）、半分以上は高校時代に別の学部・分野を志望していたことを意味します。

以上を総合すると、教育学部を選択する人は、高校時代から教育学部に進んだ進路イメージを保持し実現した人が多い、また他の分野を志望していたが進学時点で変更し、教育学部に来たという別分野からの参入者が、相対的には少ないといえると思います。程度問題の話になりますが、教育学部や教育系の専門を選択する人は、もともと教育系のことをやりたいという意志が比較的はっきりしていて、それも変わることがない特徴をもった人が集まっている可能性があります。

またこの調査では、学校を出た後の職業も二〇一九年にフォローアップしています。その結果は表2にまとめています。高校時代に専門職を希望していた人のうち、実際に専門職についている人は四二パーセントです。一方、非専門職希望だった人で専門職に就いた人も二四パーセントいます。これを教員に限定すると、高校時代に教員を希望していて、実際に教員をやっているのは三五パーセントと、専門職全体と大きな差はありませんが、高校時代に教員志望でなかった人が教員になったのは、僅か二パーセントです。

先に触れたように、一般大学に進んで教員になるには、教職課程をとる必要があり、それは初年度から計画的に履修しないと四年間で卒業するのは難しくなります。そう考えると、教員免許は思いつきで簡単に取得できるものではなく、それなりに労力や時間的コストもかかります。一般的な大学生が、三年生の終わりくらいに就職活動を意識して、企業選びを始める、という感覚で選ぶ職業ではない、ということは理解いただけると思います。

以上から考えられるのは、「子どもが好き」とか「教えるのが好き」など、理由は何でもいいのですが、教員を目指す人には(他の職業を選択する人と比べて)もともと何らかの考え方や志向に強い特徴があるのではないか、ということです。教員になる道が制度上一定程度開かれていても、そうした特徴がないと「なりたい」という希望を抱きにくい職種なのではないでしょうか。ときどき、教育や学校の世界は一般社会と違い特殊とみられることがありますが、こうした人材が集まっている特徴が反映されている可能性もあります。

学校とは何か

ここまで断りもなく、学校について語ってきましたが、本章の最後に、厳密に本書で考察する学校とは何かを定義しておきましょう。

学校教育法の第一条は、次のように書かれています。

この法律で、学校とは、幼稚園、小学校、中学校、義務教育学校、高等学校、中等教育学校、特別支援学校、大学及び高等専門学校（高専）とする。

今、日本で公式に学校という場合、この学校教育法の第一条に明記されたものを指します。それで、この学校教育法第一条で挙げられた学校を、一条校とよびます。

一条校にはあまり聞きなれない学校がある一方で、よく耳にするのに、ここに明記されていない学校があると思います。それらについて補足しておきましょう。

一条校に含まれる義務教育学校は、二〇一六年に設置された新しい学校です。以前から小・中一貫教育（校）とよばれるものはありましたが、その運用をより弾力化し、小学校六年、中学校三年と分けていた教育課程を一貫化したり、別の区切りにしたりして、従来中学校でやっていたことを小学校で実施するとか、学校行事を小中で一体化して実施することが可能です。また小・中学校を同じ校地に置くこともできるので、（文科省は公式には否定しているものの）過疎化などで子どもの数が急減する中で学校統廃合を進め、学校経営の合理化を図る手段として用いられている側面もあります。

中等教育学校は義務教育学校より古く、一九九九年に設置されています。都市部の私立学校を中心に、中高一貫教育というのが昔からありますが、これはあくまで一貫教育というだけで、学校としては中学校と高校は別々に設置されています。中等教育学校は、通常の中学校・高校の教育課程にあたる六年を、一つの学校として一貫して教育を行う学校です。

特別支援学校は、障碍《しょうがい》者などが幼稚園から高校までに準ずる教育を受けることのできる学校で、以前は盲学校、聾《ろう》学校、養護学校という別種の学校として存在していたものを（この三つの学校の提供していた教育を、かつては特殊教育とよんでいました）、二〇〇七年から同一の学校種として統一したものです。

高等専門学校（通称・高専）は一九六二年に設置されました。中学校を卒業した者に受験資格があり、五年制一貫教育で高度な実践的技術者を養成する高等教育機関です。国立が多

学校種	学校数	（私立率）	在籍数	教員数	（女性率）	職員数
幼稚園	9,698	66.0%	1,078,496	91,785	93.4%	16,718
幼保連携型認定こども園	5,847	85.7%	759,013	120,785	94.8%	24,412
小学校	19,525	1.2%	6,300,693	422,554	62.3%	62,161
中学校	10,142	7.7%	3,211,219	246,814	43.7%	28,205
義務教育学校	126	0.8%	49,677	4,486	53.5%	603
高等学校	4,874	27.1%	3,092,064	229,245	32.5%	44,899
中等教育学校	56	33.9%	32,426	2,683	35.2%	402
特別支援学校	1,149	1.2%	144,823	85,933	61.9%	14,027
専修学校	3,115	93.7%	661,174	40,824	52.7%	16,175
各種学校	1,102	99.5%	105,203	8,866	44.5%	3,864
大学	795	77.4%	2,915,625	189,599	25.9%	253,491
短期大学	323	94.7%	107,596	7,211	53.1%	4,019
高等専門学校	57	5.3%	56,974	4,114	11.5%	2,679

表３　学校種と数

注：教員・職員数は、本務者（当該学校の専任）のみ
出典：文部科学省『令和２年度学校基本調査』

く、専門は工学や商船系がほとんどのため、学生は男性に偏っています。

　表3に、学校種に関する基本的な情報を載せておきました。概《おおむ》ね言えることは、義務教育段階の学校は、国公立の学校の割合が非常に高いこと、それは裏を返すと、就学前教育や高等教育は、私立が圧倒的なシェアを占めていることです。念のため付け加えておくと、高等学校は、名称から高等教育と勘違いしやすいのですが、中等教育機関に分類されます。

　就学前教育と高等教育における日本の公費負担は世界的に見ても最低水準にありますが、そもそも学校の設置自体、私学に強く依存してきた歴史があります。また教員の女性割合をみると、学校段階が上がるほど、女性の割合が低下する傾向に

あることが見て取れます。

一条校に含まれない「学校」

ところで表3をみると、一条校で言及されなかった「学校」や、それに類する組織があることに気づくと思います。具体的には、幼保連携型認定こども園、専修学校、各種学校、短期大学は学校教育法第一条に明記されていません。他にも、大学院、大学校とよばれるもの、専門職大学・専門職短期大学があります。これらの扱いはどうなっているのでしょうか。

まず就学前教育については、主として幼稚園と保育所（保育園）が担ってきました。この両者は管轄も設置の根拠も全く異なっており、前者は文科省管轄で学校教育法に基づき設置される学校であり、後者は厚労省管轄で児童福祉法に基づく福祉施設です。したがって設置主体が民間の場合、幼稚園は学校法人、保育所は社会福祉法人になります。

幼稚園の先生は幼稚園教諭の教員免許が必要ですし、保育所で働くには保育士の資格が必要です。両者の資格は全く異なります。ただユーザーの立場からすれば、両者の機能は重なる面が多くあります。縦割り行政の悪《あ》しき例ともいえ、幼児教育と保育はそんなに簡単に切り分けられるのかという疑問もあり、以前から幼保一元化という形で両者を一体化しようとする動きがありました。それを実現し、両者のよいところを活かす形で設置されたのが、幼保連携型認定こども園になります。

専修学校は、学校教育法の第一二四条から第一三三条に定められています。一九七六年に発足し、職業や生活に必要な知識、教養を提供する学校ですが、一条校には含まれません。高等課程、専門課程、一般課程の三種類があります。

高等課程へは、義務教育段階を修了した者、つまり中学校三年相当を終えた者が入学できます。高等専修学校、ともよばれます。通常、三年以上通うことになります。

専門課程は、高校相当を卒業した者が入学でき、一般には「専門学校」という名前でよく知られています。二年もしくは三年の課程が多く、修了すると専門士という称号が与えられ、大学への編入も可能となります。

一般課程はそれ以外の専修学校で、法令上特に入学資格はありませんが、実態としては大学受験予備校に多く見られます。専修学校には細かな設置基準があり、それを満たさない学校が各種学校になります。

大学の設置目的は学校教育法第八三条に規定されており、一つは「学術の中心として、広く知識を授けるとともに、深く専門の学芸を教授研究し、知的、道徳的及び応用的能力を展開させること」という教育に資するもの、もう一つ他の学校段階にないものとして「(先に触れた教育に資する)目的を実現するための教育研究を行い、その成果を広く社会に提供することにより、社会の発展に寄与する」という研究に関するものがあります。修業年限は四年以上ですが、設置目的を「深く専門の学芸を教授研究し、職業又は実際生活に必要な能力を育成することを主な目的」と変更し、修業年限を二年にすることも可能で(学校教育法第一〇八条)、それが短期大学(短大)になります。短大は法令上、大学の一部となります。

大学院は「学術の理論及び応用を教授研究し、その深奥をきわめ、又は高度の専門性が求められる職業を担うための深い学識及び卓越した能力を培い、文化の進展に寄与することを目的」とするもの(学校教育法第九九条)で、やはり大学の中に設置されるもの(学校教育法第九七条)です。

専門職大学は二〇一九年度から設置され、既存の大学と異なり、実験や実習を重視して職業人を養成する大学の一形態です(学校教育法第八三条の二)。職業人の養成で専門学校に似ていますが、専門職大学は大学の一形態なので、一条校です。まだ数は多くありません。

一条校には厳しい設置基準があります。その基準を満たさなければ、一条校の学校と認識されるような学校名を名乗ることはできません。

一条校の管轄は文部科学省（文科省）です。文科省以外の省庁が管轄し、実質的に大学と同等の教育を提供すると見なせる教育訓練施設を大学校とよぶことがあります。よく知られているのは、防衛省管轄の防衛大学校や防衛医科大学校、国土交通省管轄の気象大学校や海上保安大学校、厚生労働省所管の職業能力開発大学校などです。それ以外にも、大学校を名乗る教育施設は、いろいろなものがあります。

ただ本書では、紙幅の問題と、議論の拡散を防ぐ目的から、主として考察する対象は初等・中等教育機関（小学校から高校段階）と、高等教育機関（大学・短大段階。場合によっては専門学校も含みます）への進学の局面、および学校から職業への移行段階である就職時点に限定したいと思います。

学校の組織的特徴

本章では、教員の置かれている状況についていろいろな観点から確認しました。次章以降、今の社会で主たる教育を行う機関である学校について、その特徴と、現在抱える問題を検討しますが、ここで一度簡単に、学校という組織の特性を確認しておこうと思います。

学校とよばれるものはかなり古く、極端にいえばメソポタミア文明、あるいは古代ギリシアやローマ帝国にも存在が確認できるようです。ただ本書が扱う、私たちが通うような学校の誕生は近代以降の話です。

近代社会の特徴は合理化、および効率化です。単に知識や技能を伝達するだけであれば、その方法、手段はたくさん存在します。その中で、学校という箱モノ（建築物）を設置し、同年齢集団の子どもを多数集め、その中でカリキュラムに沿って体系的に整理された知識や技能を伝達する方法が、世界のほとんどの国で採用されています。こうすれば、少ない教え手（教員）が、多数の生徒を一カ所に集め、一斉に知識・技能を伝えられるので、教える内容やペースのばらつきも最小限に抑えられます。また、怪しげな人が教えるようでは困るので、資格試験を通った人しか教壇に立てないようにして、教える側の技量の差が大きくならないようにしているのです。

学校に限らず、近代社会では組織の体系化が進みます。社会学ではそれを官僚制化とよび、官僚制化が進んだ組織を官僚制組織といいます。社会が進歩すれば、組織として実現したい目標は複雑になる傾向がありますが、そうなると行き当たりばったりでは対応できません。そこで組織の中で、役割に応じて部署を分け、各部署が自分の役割を責任もって遂行することで、全体の目標を達成しようとするのです。学校は、教育という営みを行う組織の官僚制化が進んだものと捉えられます。

私たちの知る組織は、会社にしても、行政機関にしても、官僚制組織としての側面をもっています。学校も官僚制組織の一つですが、一般の会社や行政機関のような組織とは異なる特徴ももっています。この特徴の存在が、教育という営みを可能にしている面もあれば、問題を引き起こしたり、さらにその問題を複雑化、深刻化させたりしている面もあるのです。

次からは、学校という組織の成立した経緯を踏まえて、学校の組織的特徴と、それが抱えるメリットや問題点について論じたいと思います。

第二章　学校はいかにして制度となったのか

近代化と学校制度

私たちが知る学校制度は、効率的かつ合理的に知識・技能を付与する装置として、近代以降に発明されました。合理性と効率性は、マニュアル化や制度化を抜きにしては語れません。制度化され一定のパターンが存在するからこそ、私たちはそのパターンを理解でき、学習できます。そして型通り学習することで、期待できる成果もある程度予想がつきます。

ただ制度化が進みすぎると、硬直的で臨機応変に対応しきれなくなることもあり、むしろ非合理的と解釈されることになります。

また学校の制度化により、社会における学校の存在は疑う余地がなくなります。学校は本来、無数に存在する学びの方法や手段の一つに過ぎないのですが、学校で学ぶことだけに突出した価値が置かれ、学校に行かせない保護者が非難を浴びたり、学校に行かなかった子が不利に扱われたりします。その結果、学校に行くこと自体が目標になるのです。

日本最古の学校は、栃木県の足利学校《あしかが》だと言われています。必ずしも成立年代ははっきりしないものの、平安から鎌倉時代で、中世創設となります。もう少し時代を下って、江戸時代には、庶民の学ぶ場として寺子屋が、また武士の学ぶ学校として藩校ができ、藩校の一部は明治以降の中等・高等教育機関の母体になっています。

例えば岡山藩には、一六七三年に早くも庶民を対象とした閑谷《しずたに》学校が今の備前市に設置され、国の特別史跡（講堂は国宝）に指定されています。

日本教育史の研究者であった石川松太郎（一九二六〜二〇〇九）によれば、寺子屋で教えられていたのは読書と習字が主で、それに算数が加わり、特に読書・習字の手本として往来《おうらい》物《もの》という、今で言えば教科書のようなものが利用されていました。藩校はもう少し組織化されていましたが、藩によっては藩校を設置せず家塾で済ませたり、また幕末になると藩士に限らず庶民に入学を認めた藩校も増えてきました。

このように組織としての学校は古くから存在していましたが、一言でまとめるのが難しいほどの多様性をもっていました。日本では、私塾のようなものを含めた雑多な教育機関が明治以前からたくさん存在しており、学科とか、初等・中等・高等教育という区別自体が曖昧、というより、そういう区別が全くないような状態だったのです。

①現さいたま市緑区大門・大門宿会田寺子屋

	20石以上	10石以上～20石未満	5石以上～10石未満	地借百姓	水呑百姓	計
全体の戸数	15 9.1%	13 7.9%	28 17.0%	78 47.3%	26 15.8%	165
寺子の戸数	5 15.2%	3 9.1%	9 27.3%	14 42.4%	0 0.0%	33
寺子数	13 26.0%	5 10.0%	11 22.0%	15 30.0%	0 0.0%	50

②埼玉県朝霞市膝折・膝折村の牛山寺子屋

	20石以上	15石以上～20石未満	10石以上15石未満	5石以上～10石未満	5石以下	無高（水呑百姓）	計
全体の戸数	3 2.9%	2 1.9%	4 3.9%	20 19.4%	68 66.0%	6 0.0%	103
寺子の戸数	1 3.8%	2 7.7%	2 7.7%	8 30.8%	13 50.0%	0 0.0%	26
寺子数	5 12.5%	4 10.0%	3 7.5%	12 30.0%	16 40.0%	0 0.0%	40

表4　寺子屋に来ていた寺子の階層
出典：石川（1978: 189）

江戸時代に普及していた寺子屋は、庶民にとっての学校の機能を果たしており、それが広く普及していたことと、当時の日本人の推定された識字率の高さが関連付けられて論じられることもあります。確かにそうかもしれませんが、表4のようなデータを見ると、当時の子ども全員が寺子屋に通っていたわけではありません。

江戸時代なので、全国統計のようなものはないため、地域限定のものではありますが、寺子屋に通っていた寺子の出身階層をみると、全体の分布に比して、高階層出身者の子が多く通う傾向が見て取れます。これに類似した現象は、どの社会でも、また現代を含むどの時代でもある程度観察されます。

ともかく、寺子屋が当時珍しいものでなかったとしても、通わなかった（通わせなかった）こと自体が、社会的制裁を受けるとか、問題になったわけではないでしょう。単に普及していた、ということと、制度化された、ということには、根本的な違いがある点に注意してください。

明治政府が学制を発布したのは一八七二年です。このとき雑多な学校が整理されました。体系化された学校制度に含まれない学校は、「各種学校」として把握できます。土方苑子《ひじかたそのこ》（一九四五～二〇一七）によれば、当時の各種学校の一部は、後に政府が制度化した公式の学校に包摂されたものの、公式の制度に収まらない学校は現在にいたるまで存在しています。

重要なのは、明治以降の近代に入り、国家（政府）が積極的に教育政策に関与するようになり、国家によって公式の「学校制度」が定められた点です。公式の教育制度がつくられ、そこに子どもが行くと規定されたことで、学校に子どもを通わせることが保護者（親）の義務となり、子どもにとって学校に通うことは権利となった、と解釈できます。

単なる普及や学校数の増加は一種の流行で、行かないとか、参加しないこと自体は社会的に問題にされません。公的に制度化されると、行かないとか、参加しないという選択肢はなくなります。この点が大きな違いです。

参加しなければ、社会的な制裁が与えられます。制裁には法的なものだけではなく、学歴のない者は就職する資格すらないという社会的排除も含まれます。つまり学歴がない者は、社会のメンバーとして認められないのと同じです。人間は、社会生活という営みを必要とします。ですから、学校教育を受けることが絶対必要となり、結果として学校教育を受けることが基本的人権と見なされるようになるのです。

コメニウスと一斉授業というアイディア

私たちが学校というと思い浮かべる典型的な光景の一つは、教室でしょう。前方に黒板があり、先生がその黒板の前に立って話をする。それに向かい合う形で机が並び、子どもたちがすわって話を聞く。子どもたちの机の上には、教科書とノートがあり、メモをとる子もいるでしょう。つまり、私たちは学校の授業といえば、教室という一つの閉鎖的な空間の中で、同じ内容を、同じペースで学ぶことになります。

このような一斉授業というスタイルのアイディアは、チェコのヨハネス・コメニウス（一

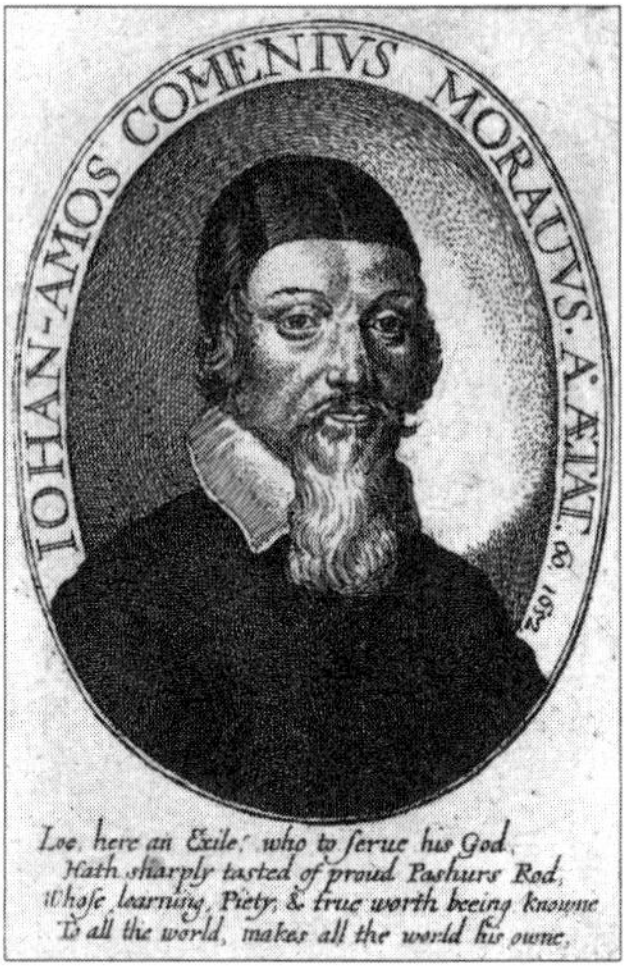

図７　版画作家ヴァーツラフ・ホラーによるコメニウスの肖像

出典：相馬伸一『ヨハネス・コメニウス』講談社（2017）

五九二〜一六七〇）に由来します（図7）。

コメニウスの時代のヨーロッパは三〇年戦争（一六一八〜一六四八）に重なり、荒廃していました。カトリックの腐敗に対し立ち上がったフス（一三六九〜一四一五）のチェコ宗教改革運動の流れを汲《く》んだボヘミア同胞教団の牧師で、付属学校の教師でもあったコメニウスは、当時カトリック系のハプスブルク家支配下にあったボヘミアを追われ、最終的には祖国に戻ることなくオランダのアムステルダムで生涯を閉じます。

もちろん、コメニウスの問題意識は、そうした時代背景と立場を考慮に入れなければなりません。したがって、教育の近代化の形式の萌芽《ほうが》とはいえ、彼自身の一斉授業への動機付けは、合理化とか効率化とは異なる点に注意が必要です。

彼の問題意識に立てば、本来神は、創造したすべてのものを理知的に治めるために人間をつくったのに、人間は神の意志に反し、自分の欲望のために知識を用いていたことになります。これが当時のカトリックの腐敗や堕落につながり、コメニウスの生きていたヨーロッパの荒廃した社会を生み出したというわけです。だからこそ、誰もが神の意志と一体になり、自分を律した理性的な人間となる必要があります。

そこで彼が編み出したのが、代表作『大教授学』です。ここで目標とされているのは、あらゆる人々を無知な状態から解放し、救済するという「汎教育学」です。誰もが教育の対象となるので、教育内容や教授法は体系化される必要があります。教授法も、あまりに複雑で難しいものだと、普及しません。だからできるだけ目に見える形で法則化され、真似《まね》をすれば誰でもできる形に整理されていきます。それを具体化したのが『世界図絵』という教科書です。

『大教授学』には、今の学校組織に引き継がれているアイディアが詰まっています。というより、今日の学校における一斉授業の形態は、ほぼコメニウスによって思想的には完成されていたといってもいいかもしれません。教授内容が体系化されれば、その内容も難易度別に整理されます。難しいものも簡単なものも雑多なままでは、効率的に学習できません。子どもの発達段階に応じて、学習していく必要があります。そこで同一年齢の集団を組織し、その集団に一人の教師が、進度や内容を考えて授業を進めていくことになります。

結果として、コメニウスの意図や問題意識とは別に、教育スタイルの合理化が図られました。その思想は忘れられても、教育実践のスタイルは後世に伝えられていったのです。

相互教授法

一斉授業が現実にシステムとして普及したのが、一九世紀のイギリスでした。

この歴史的経緯は、柳治男《やなぎはるお》（一九四一〜二〇一八）による『〈学級〉の歴史学』に詳しいのでそちらに譲りますが、骨子は以下の通りです。

イギリス国教会の牧師として、当時植民地だったインドのマドラス（現在のチェンナイ）に派遣されていたアンドリュー・ベル（一七五三〜一八三二）は、孤児院の院長となります。当時、教師と子どもが一対一で向き合う個人指導が一般的でした。しかし、たくさんの子がいると、一人の子どもを教えている間、他の子はほったらかしになります。そこで彼は、賢い一人の子に教えた後に、その子を助手として別の子にも教え、という連鎖で、教わる子の数を増やしていく相互教授法を編み出しました。

同じころ、クウェーカー教徒のジョセフ・ランカスター（一七七八〜一八三八）は、ロンドンの貧困地区に学校をつくり、やはり一対一の教育では追いつかなくなり、年長の生徒が年少の生徒に教える、という相互教授法を編み出しました。

いずれにしても、相互教授法は、生徒が生徒を教えることになります。ですから、あまり難しいことはできません。それゆえ、生徒でもできる単純でわかりやすい教授法を考察しようと模索することになります。

産業革命における工場とモニトリアル・システムの類似性

イギリスは産業革命の発祥地であり、当時世界最先端の工業国でした。その背景には、機械や分業制の導入による合理化、効率化がもたらした生産性の向上があります。つまり、新しい教授法の導入と普及は、そうした合理化や効率化をなぞったものなのです。

今の時代だと、学校における一斉教授法は、子どもたちの個性を踏まえない画一的な教育方法として、批判の対象となります。学校での子どもの教育を、工場のモノの生産にたとえるなどもってのほか、という感覚が常識的ではないでしょうか。

しかし当時は、ベルもランカスターも、自らが編み出したシステム（学術的には、モニトリアル・システムとよばれています）を、機械になぞらえて自画自賛していました。さらに社会改良家として貧困問題の解決のための慈善事業に熱心に取り組み、学校の普及を支持していたトーマス・バーナード卿（一七五〇～一八一八）も、モニトリアル・システムを採用した学校を工場になぞらえて絶賛していたのです。つまり、当時最先端を行く工場の組織と、全く新しい教授法を採用した学校は、同一の枠組みでポジティブに評価されていたのです。

一斉教授法と国家の結合

国教会派とクウェーカー教徒らは、それぞれ自分の学校システムを普及させる民間団体を設置します。そしてお互い、マニュアルを作り、自派の学校を増やしていきます。厄介なのは、この学校の拡大には、宗教対立があったことです。

この二つのシステムは急速に普及し、絶賛されていたこともあり、イギリスでは無視できない存在となっていました。政府は民衆の教育を施そうとしたものの、自前の教育機関はありません。そこで、既に普及していたこの二つの団体傘下の学校を利用することにしました。

この二つのグループの傘下の学校は、その団体のマニュアルに基づいて設置されていたので、標準化されていました。ですから、政府が設置にいちいち細かい審査をする必要はなかったのです。むしろ政府は学校を普及させようと、全国規模で学校の設置、普及を目指すこの二団体傘下の学校建築に補助金を出すことにしたのです。一八三三年のことで、政府が教育システムに積極的に関与する最初のきっかけとなる出来事でした。

この後、優れた生徒をモニターに指名して分業を行うモニトリアル・システムは、多様な教科を大量指導する点で限界を来し、私たちの知る一斉教授法に改められてゆきます。それだけではなく、この後政府による補助金は、二つの団体を通さなくなり、やがて一八七〇年の初等教育法による義務教育制度の確立で、学校制度が宗教の手から離れることになります。なぜなら、政府がどちらかの団体に肩入れすれば、政府が宗派対立を扇動していることになるからです。政府が（どの宗派か関係なく、税金をつぎ込んで）公教育を運営しようとすれば、その教育制度からは宗教色を除かざるを得ません。こうして、政府と公教育制度が密接に関係するようになり、宗教から分離した世俗的な教育制度が確立されるのです。

経験知からの隔絶

以上から近代教育制度の学校は、日常の生活空間から隔絶された独特の人工的な組織だということがわかります。そこで教えられる内容は日常生活から切り離され、独自の知識体系をもつようになります。教育社会学者の広田照幸氏がまとめているように、学校は誰もが通うものとなった以上、知識も一般性、普遍性をもたせなければなりません。それは知識や技能が狭い個別の文脈を離れ、一定の抽象度や形式性をもつようになることを意味します。

高校までの学校段階では、知識が「〇〇の教科で教えるもの」「これは〇年生で習うこと」のように整理されます。こうして勉強の内容がイメージしやすくなるなど、段階を追って学べるメリットが生じます。また時代の変化に比して、学校知の体系はあまり変化しません。だから世代に関係なく、教科の名前を言えば、何を教えているかを容易にイメージできます。

一方で学校の勉強は、何の役に立つのかわからない、おもしろくない、興味を持てないという感覚を抱かせる原因となります。それで昨今は、日常生活から切り離された知識がいかに社会に有用か、児童・生徒に興味を持ってもらうにはどうしたらいいかを考えなければならず、現実社会に役立つ実践知が求められるようになっているのは皮肉なことです。

学校で学んだ知識を現実世界で活用しようとすると、体系化された教科の枠組みは、時には無意味となります。例えば算数や数学の文章題を解くときに、一定の国語力（読解力）が必要です。歴史を勉強するには、地理の知識は必須ですし、科学を含めた思想体系や文学・宗教を含む文化の知識、あるいは政治・経済への考察がないと、その理解は深まりません。

つまり杓子定規《しゃくしじょうぎ》に教科の枠組みを適用すると、現実世界との齟齬《そご》が大きくなり、問題意識をもたないまま暗記することが自己目的化されたり、興味関心を喪失する問題も生じます。教科を横断する総合的学習の時間が導入されたり、学際性が叫ばれたりする背景には、知の体系化が進みすぎたことへの反動と解釈できる面もあります。

産業化と効率性や合理性の追求

以上のように、近代学校は、近代化、すなわち合理化や効率化を教育の分野で進めたものと解釈できます。もちろん、教育以外の分野でも、近代化は起きています。

もう一度、産業革命を思い起こしてみましょう。イギリスで産業革命が始まった要因の一つは、飛躍的な技術革新ということになりますが、技術面だけではなく、生産体制の変化も大きな意味をもちます。それは家内工業から工場制手工業への変化です。この動きは工場の機械化を促進します。

工場で製品を作るには、労働力が必要です。人々も仕事を求め工場の周囲で生活するようになり、そうした人を相手に商売しようとする人も集まって、都市が形成されます。ただ、集まった人々は、お互い縁もゆかりもありませんから、集まっただけではただのカオス（混《こん》沌《とん》）です。また工場での生産は多くの労働力を要するようになりますが、労働者が多いだけに、その仕事の内容やスキルをどう伝達するかも大きな課題となります。

阿吽《あうん》の呼吸とか、以心伝心とかが通用しない赤の他人同士の空間で、何らかの目標に向かって力を合わせるにはどうしたらいいでしょうか。まず、誰もが理解できるルールをつくる必要があります。理解可能なルールには、誰もが納得できる根拠が必要です。根拠に基づく説得的なルールが確立され、それを皆が守ることで組織はまわり、生産性が上昇します。

こうしてたくさんの製品が作られ、その分利益が上がり、自分たちの生活が潤う、というように、当事者がルールを遵守することでメリットを得られるというイメージが摑《つか》めれば、組織の合理化が促進されます。

モノの生産という点でいえば、二〇世紀に入り、フォード・システムという流れ作業の分業体制が導入されます。ポイントは、徹底した分業化と、作業の標準化です。

自動車のような複雑な製品全体を、丸ごと一人で作れ、といわれても無理でしょう。自動車は非常に複雑な部品が使われており、それらが集められ組み合わさることで、一つの自動車として機能します。もしこれを一人で作ろうとしたら、異なる一つ一つの部品を別個に組み立てる必要がありますし、それぞれの部品の作り方も習得する必要が出てきます。そんなことを考えると、いつになったら完成できるのか、気が遠くなります。

しかし部品をバラバラにして、誰はどの部品の生産に責任を持つ、という形にすれば、徹底して分業化が進みます。部品一つの作り方であれば、覚えるのは容易です。ただ個別に作った部品の出来に差が生じ、後で組み合わせられなかったら話になりません。ですから、部品の規格化はもとより、その部品を作る作業工程もルール化され、出来の差が生じないようにします。

部品一つを作るのは簡単ですから、時間をかければ大量の部品が生産できます。大量の部品を組み合わせれば、完成品も大量に生まれます。こうして、高嶺《たかね》の花であった自動車の大量生産が可能となります。こうして流れ作業を徹底し、自動車の大衆化に貢献したのがアメリカのヘンリー・フォード（一八六三～一九四七）によるフォード・システムだったのです。

同時期に、科学的管理法とよばれる人事管理の方法も生まれます。これはフレデリック・テイラー（一八五六～一九一五）が編み出したので、テイラー・システムともよばれます。科学的管理法の下では、課業（個人に割り当てられた職務・仕事）が決められます。課業にはノルマ（目標）があり、またそれを達成するための方法や条件を皆、同じにします。どの程度のノルマがふさわしいか、どういう方法が効率を上げるのかは事前に徹底的に調べ上げられます。それに基づいて課業が割り当てられるので、生産性は高められるのです。

一斉授業を取り入れた学校は「工場のよう」だと絶賛された、と述べました。近代学校は、子どもを学校という隔離された場で管理し、標準化された教科書やカリキュラムを通じて一斉に同じことを教え、同等の知識やスキルを修めた卒業生を大量に輩出する、そうすることで社会は大量の人材を雇い、製品の大量生産も可能にするという側面ももっているのです。

官僚制組織の形成

このように近代に入り、効率性や合理性を追求して生まれた組織を、社会学では官僚制組織とよびます。官僚というと、一般的には官庁など行政組織で働く人を指すことが多いと思いますが、学術的な文脈で「官僚制」というとき、その意味は異なります。

官僚制組織という名称は、効率性や合理性重視という特徴を捉えたもので、官庁や行政機関だけを指すわけではありません。民間企業も官僚制組織としての性格を持っており、近代以降の教育機関である学校も官僚制組織の一例です。官僚制組織を、近代の特徴として体系的に考察したのはドイツの社会学者マックス・ウェーバー（一八六四〜一九二〇）です。

先にフォード・システムに触れ、分業化と作業の標準化が生産性を高めるポイントだと話しました。官僚制組織も同様ですが、モノをつくる工場だけでなく組織一般に適用できます。例えばあなたが何かを売ってお金儲《もう》けをするとか、世の中のためになる何らかの社会活動をしたいとか、何らかの目標をもっているとします。もちろん個人として自由に行動して、できることもあるかもしれません。ただ、複雑で多様な人々で構成される社会に、個人が及ぼせるインパクトは、微々たるものとならざるを得ません。

そこで同じような志を持つ仲間を見つけて、目標を達成するための組織を立ち上げるとします。一人よりは、複数の人の方が力は増し、大きなことを実現できます。このとき複数の仲間がいて、目標達成のためにやらなければならない作業が複数あるとすれば、普通はその作業を手分けするでしょう。

さらに事業を大きくしようとすれば、人を集めなければなりません。知り合いだけに頼るのは限度があるので、求人広告を出すとします。ただ目標を達成する上で、あまりに知識やスキルがない人材が来ても、逆に足手纏《あしでまと》いになります。

そこで募集の際には、何らかの条件を付けます。できるだけ効率的に目標を達成しようとするのであれば、職務を遂行するのに適切な能力があるかを問うべきでしょう。

能力を測るには、職務の内容を定めなければなりません。そこで職務内容の規格化や標準化が必要になります。そして個々の職務の標準化と分業化が進み、それに応じて新しい部署が生まれ、部署の役割に合った人材が適切に配置されることによって、組織全体のパフォーマンスが上げられるのです。

業績主義化と教育

このように官僚制組織では、適材適所の人材配置が行われます。官僚制組織は、組織を合理化する過程で出てきたものなので、人材配置に合理性があることも説明できなければなりません。

だから近代社会では、親がどうだとか、家系・家柄のような出自、性、人種など、個人の努力では変えがたい属性の相対的な重要性が薄れます。出身、性、身分、人種・民族などは、個人に備わった特徴ではあるものの、こうした属性的な特徴が個人のパフォーマンスに影響すると考える合理的理由はないからです。

むしろ近代では、個人が何をなしうるのか、何ができるのかが問われます。就職活動をすれば、この会社に入って、どう貢献してくれるのかが問われるのです。つまり個人の価値は、属性より、個人のなしうるパフォーマンス、すなわち業績で決まります。

では、この業績を一体何で測るのでしょうか。面接時の勢いで、こんなことができます、と自己アピールすることはできますが、採用側は知らない相手のそのような発言をすぐに信じることはできません。それで組織が何らかの試験問題をつくって、それで判断する、という発想はありえますが、試験の作成及び採点は、これ自体面倒でコストがかかります。

ここで学校制度を利用しない手はありません。学校制度は国家管理が進み、カリキュラムも統一化され、ある学校段階を修了していれば、どの程度の知識や技能があるか推測できます。学校制度が発達し、誰もがその傘下に入り何世代か過ぎれば、募集する方も、応募する方も、双方がこの学校教育システムを理解しているので、学歴が何を意味しているのかは社会に強く浸透しています。

こうして学歴が、重要な意味を帯びるようになります。教育が大衆化し、その教育システムの中でよい成績を修めれば、出身に関係なく、労働市場や社会で高く評価されることになります。学歴社会は否定的に捉えられることが多いですが、頑張りさえすれば一般の人を社会の中に参加させ、活躍させる場を持たせた点で、社会の民主化に貢献したともいえます。

官僚制組織の運営

官僚制組織は合理的に構成されているので、勝手で恣意的な運営は許されません。官僚制組織では、組織目標を達成するために各部署が役割分担をしているわけです。ですから、各部署の行うべき職務は計画的に定められ、ルール化され、それを実行していかねばなりません。足並みが乱れれば、目標達成はままならないからです。

そうしていくうちに、ルールは複雑かつ細かくなります。このルールも、勝手に変更されてはかなわないので、ルール改正の手続きもルール化されます。部署間のやり取りも段々細かくなって、記録しておかないと当事者もわからなくなります。そこで部署間や他の組織とのやり取りの証拠として、文書が用いられます。文書も定型の書式が決まっており、きちんと保存され、必要な時には参照できるようにします。

組織が永続的に存在すれば、ある部署のメンバーが、未来永劫《えいごう》不変ということはあり得ません。途中、何らかの理由でいなくなる人も出ます。するとメンバーを補充しなければなりません。この過程で、部署間の異動も必要になります。

このとき仕事のやり方に、あまりに個人差があるようでは困ります。後任の人も滞りなく仕事を引き継げなければ、その部署は止まってしまい、組織全体のパフォーマンスに影響します。だから業務はマニュアル化され、メンバーが入れ替わっても目標達成に影響がないようにするのです。

ですから、その部署の職務をこなせる能力は最低限必要です。しかしすごく有能な人がいて、その人が部署の管轄を超えて何でもやってしまうのは、組織にとって必ずしもよくありません。頼っていたその人がいなくなると、誰も引き継げないからです。組織の中では、割り当てられた職務だけを忠実にこなすのが重要なのです。

つまり官僚制組織では、第三者からみても理解しやすい規則という「形式」を遵守することが求められます。このことは、個人の事情や性格は考慮されないことを示します。いちいち個別事情に配慮していたら効率性が落ちますし、メンバー間の公平性にも悖《もと》ります。

結果として官僚制組織では、普遍主義的なものが求められます。個人の個性を考えず、組織が優先されます。組織が純粋に生産性を向上させるためには、様々な計算や予測を行う必要があり、個性はそうした予測を攪乱《かくらん》するノイズに過ぎません。突き詰めると、感情のように合理性で説明のつかない部分は、できるだけ排除することが求められます。だから「かわいそうだから特別に扱う」など論外です。もし特別扱いの必要があるのなら、理由や基準を定め、特別扱いするための手続きも踏む必要があります。

とにかく、官僚制組織で最優先されるのはルール、すなわち法です。そして法を守ることで、すべての人の自由、平等、独立性が保障されると考えるので、民主主義社会と整合性をもちます。このように、法を守ることを最優先し、それをもとに論理を組み立てるのが形式合理性です。ウェーバーによれば、近代は形式合理性を重視する社会なのです。

心情（信条）倫理と責任倫理

少し話がずれますが、岩波文庫から『職業としての政治』というウェーバーの講演の本が出ています。また最近、政治学者の野口雅弘氏の訳で、講談社学術文庫から『仕事としての学問・仕事としての政治』が刊行されましたが、この『仕事としての政治』は同じ講演です。この中では心情倫理（野口訳では信条倫理）と、責任倫理という二つの対立する倫理観が提示されます。

心情（信条）倫理とは、前近代組織にみられる倫理観です。自分の信念に従って、信念の通り行動するのが重要なのであって、その結果がどうなるのかは問題にしません。伝統的には心情倫理、という漢字が使われてきたのですが、意味を考えれば野口氏がいうように、信条倫理が適切でしょう。

いずれにせよ、心情（信条）倫理とは、何か目標があって努力するとき、努力するという行為自体に価値が置かれる考え方です。失敗しても、自分の信念に従って頑張った、目標に向けて最善を尽くした点に価値が置かれ、それで納得するのです。

ところが官僚制組織では、失敗も肯定的に評価せよというのは甘えです。官僚制組織では、合理的な計画に基づいて組織化されているはずです。それなのに失敗したとすれば、計画が間違っていたか、作業遂行者の怠慢です。いずれであれ、計画通り成果が出なければ、組織全体の目標達成に影響が及びます。こうなると、頑張ったからいいんじゃないの、という曖昧な責任の取り方は許されません。つまり結果責任を負う責任倫理が重視されるのです。

つまり近代という社会では、個人独自の論理は一種のわがままと見なされます。ルールは普遍的なので、個別のケースは、合理的理由がない限り考慮されません。こうした普遍主義化により、人々の形式的な平等性が保障されるようになります。

一方このことは、同等の機会を保障された個人が自立することを迫られ、自己責任や結果責任が求められることを意味します。形式の平等性が整えられたことで、業績の差は個人の取り組み方や態度に起因するという見方に、リアリティが感じられるようになったのです。

官僚制組織と学校との関係

もちろんここで示した官僚制組織の特徴は、あくまで理論的なものです。社会学では理念《りねん》型《けい》という言葉を使うことがあります。理念型とは、概念の理解を助けるために、特定の特徴を強調した一種のモデルです。実際は、官僚制組織を理念型通りに忠実に実現しようとすると、硬直的すぎて不都合が生じるでしょう。

近代以降の学校は、教育という営みを合理的かつ効率的に行うのを目的とした点で、一種の官僚制組織と見なせますが、理念型の官僚制組織をそのまま体現した組織ともいえません。

ここまでは、近代化という時代の推移と組織の発達を関連づけて説明する都合上、官僚制組織の長所を中心に整理しました。しかし私たちは官僚制組織の問題点にも、たくさん気づくはずです。教育現場では、予測や期待通りのことが起きるのはむしろ稀《まれ》で、理念型の官僚制組織を実現しようとしても、それは無理な話です。

実際には学校は、官僚制組織の性格を保持しつつ、全体の制度やシステムを破損しない程度に柔軟な対応を行って物事を進める組織的工夫を保持しています。次の章では、そうした官僚制組織の問題点や、学校制度のもつ工夫について説明したいと思います。

第三章　学校組織は矛盾がつきもの

官僚制の逆機能

第二章における官僚制組織に関する説明は、できすぎではないか、と考える人もいたと思います。むしろ私たちは、官僚制組織の弊害、例えば縦割り行政とか、融通のきかなさなど、非合理性や非効率性を実感することの方が多いと予想できるからです。

今から六〇年以上前、もともとオーストリアのウィーン生まれで、アメリカに移って活躍したピーター・ブラウ（一九一八～二〇〇二）という社会学者が、官僚制組織に関するテキストを執筆しています。これを読むと、六〇年以上前のアメリカでも、既に官僚制組織が硬直的だとネガティブに捉えられていたことがわかります。

ニューヨークにあるコロンビア大学で、ブラウの博士論文を指導したのが、ロバート・マートン（一九一〇～二〇〇三）でした。彼は社会学において使用される用語や概念をたくさん提唱しましたが、その中に逆機能という言葉があります。

通常、「機能する」というと、ある組織や集団を維持するのにポジティブ（正）に働くことを意味します。これを順機能、と名付けると、逆に組織や集団に対してネガティブ（負）に働くものもあって、マートンはそれを逆機能とよびました。

官僚制組織は、そもそも個人や少人数では実現できないような目標を達成するために、効率的に分業を行う存在のはずでした。しかし大きな組織において、ある人が特定の部署に配属され、その部署に染まってしまうと、その部署の仕事に詳しくなっても、他の部署が何をしているのか、ひいては組織全体の目標が何だったのか見えなくなりがちです。

その結果、自分の部署のことばかり考えるようになり、思考も自分の部署が中心になってきます。そうなると、組織目標より自分の部署の利害を最優先する「目標の転移」が起きます。

また官僚制組織の運営自体が複雑になるほど、規則やマニュアルも細かくなり、多くの文書がやり取りされるようになります。すると、合理的・効率的な運営のための規則やマニュアルだったのに、やがて規則を守るための規則や、マニュアル作りのマニュアルができるというように、規則を守り運営する事務コストが増えます。

規則を変えるには一定の手続きを踏む（通常は民主的に会議を開催することになります）の

ですが、会議も内容が複雑になったり、議題がどんどん増えていくと、会議の準備が必要になり、会議準備の会議を行う、という笑えない事態が発生します。

こうした事務作業の増加が多忙化を促し、効率性を追求していたはずなのに、事務作業で人手不足になるというパラドクスが生じます。人類学者のデヴィッド・グレーバー（一九六一〜二〇二〇）は、こうした官僚制組織の発達で、働いている当人すら存在意義を疑うような、中身を考えるとどうでもいいとしか思えないような仕事（ブルシット・ジョブ）が生まれると述べています。

このような官僚制の逆機能が起こるプロセスは、近年の学校の多忙化を考える上で重要なヒントが込められていると思います。この先を読み進める際に、頭の中に入れておいてください。

一望監視システム（パノプティコン）

前に教員が立ち、それに向かい合う形で多くの児童・生徒が授業を受けるのは、多人数相手に教育するには効率的です。教壇の上に立つと教室全体が見渡せ、児童・生徒の様子が手に取るようにわかります。だから児童・生徒にとって、教員の目を盗んで授業をさぼること

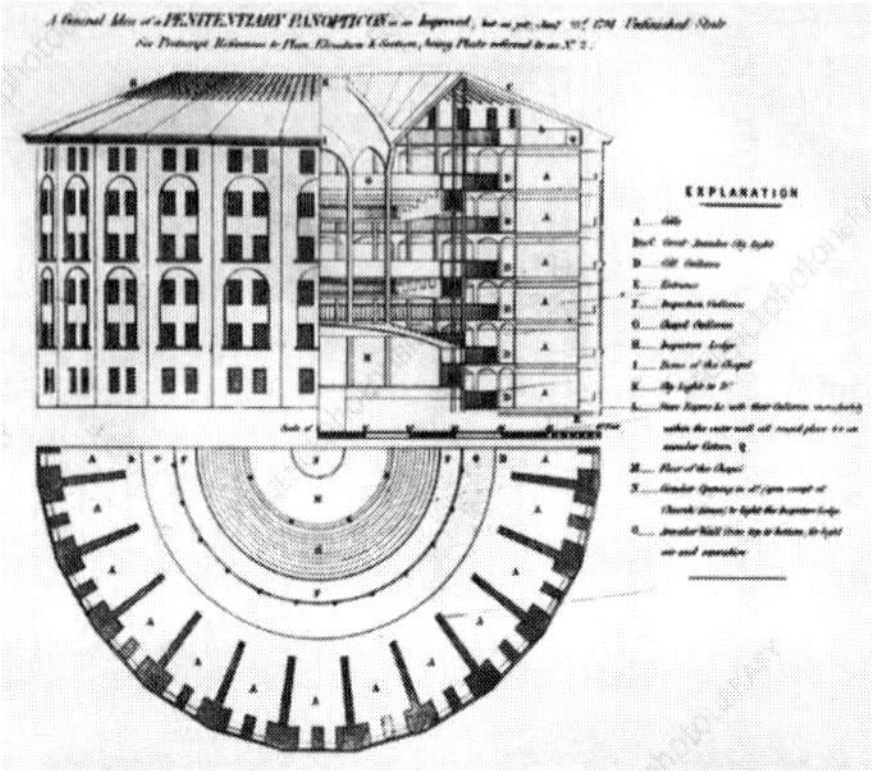

図８　ベンサムのパノプティコン
出典：ミシェル・フーコー『監獄の誕生』新潮社

は難しくなります。

ここでのポイントは、教室の秩序を維持し教育するために、個々の児童・生徒にそれぞれ監視人をつける必要はなく、多数の児童・生徒を一堂に集め、そこで一人の教員が教育を遂行できる点にあります。つまり教育を与える側から見れば、支払う人的コストは最小限で、多くの児童・生徒に一度に教育を施せるという生産性の高い仕組みになっています。

これは、功利主義の立場に立つ哲学者ジェレミ・ベンサム（一七四八〜一八三二）が、効率的に運営できる監獄として設計したパノプティコン（図８）を例に説明されるのが定番です。

図８は、上が外観、下が（上から見たときの）建物の断面図です。断面を見るとわかりますが、

環状の建物の周縁部は区切りがあり、それぞれの部屋は囚人の入る独房（cell）です。

一方、断面図の真ん中付近は小さな半円がありますが、これは監獄の監視人が囚人を監視し続けるための監視塔を示しています。環状の建物の中央天井からは光が差し込んでおり、また独房にも、環状の建物の外側に一つ、また建物の真ん中の監視塔に面する形で一つの窓が設けられています。そして構造上、外側の窓からは光が入って、独房の中が監視塔側からよく見えるようになっています。

独房同士は壁で隔てられているので、独房の中に入ってしまうと、別の囚人のことは認識できず、連絡も取り合えません。独房から見えるのは、内側の監視塔だけです。ですから、他の囚人の様子もわからない完全に孤立した状況に置かれています。

このような構造になっていることで、監視塔からは三六〇度、どの方向の独房も監視できるようになります。つまり監視人を独房ごとに張り付けなくても、極端に言えば塔に監視人一人配置すれば、それで事足りるというわけです。

パノプティコンを有名にしたのは、フランスのミシェル・フーコー（一九二六～一九八四）が『監獄の誕生――監視と処罰』（一九七五・翻訳は一九七七）で触れたからでした。監視塔の中は暗いので、明るい外から暗い窓の中はよく見えません。だから囚人からすると、今まさに監視人が自分を見ているかどうかもわかりません。しかし見られている可能性は否定できません。つまり独房にいる囚人は、常に監視人の目に晒《さら》されていることを意識しなければならないのです。

囚人は、監獄のルールに反する行為が監視人に見つかれば、処罰を受けることも理解しています。処罰を受けるのは嫌なので、囚人は監視人に見つかるリスクを恐れ、自ら監獄のルールに従うようになります。こうすれば、監視人一人雇えばいいので、低廉なコストで監獄を合理的に運営できます。

パノプティコン原理と全制的施設

学校も似たようなところがあります。学校では、生徒が評価を受けます。生徒は評価を受けることも、また評価の高さによって学校内や卒業後の処遇が異なることも理解しています。だとすると、普通はよい評価を得たいと思うでしょう。ただ高い評価を得るには、学校の規律に従い、学校の提供するプログラムをこなして、それに対して高い成績をとる必要があります。

授業を行う教室の前の教壇は、パノプティコンの監視塔の機能を担っています。教わる生徒と一対一で向き合って同じ数の教師を用意するとすれば、教育のコストは非常に高くつきます。でも、同じような内容を教えるのであれば、一カ所に生徒を集め一人の教師が一斉に教えたほうが効率的です。

さらに一歩進めると、パノプティコンの監視塔の中は暗くてよく見えないので、今まさに監視人が自分を見ているか否かもよくわからないだけではなく、そもそも監視塔の中に本当に監視人がいるのかどうかも判別がつきません。ですから監視人を本当に配置しなくても、囚人が今まさに監視されているかもしれないというリスクを考えて、自ら監獄の秩序に従ってくれるかもしれません。つまり監視人を人員整理して、囚人を従わせる究極の低コスト監獄の運営も可能です。

これも学校を中心とした教育システム全体に当てはめて、考えることができます。教室には常に教員がいるわけではないし、教員は四六時中生徒を見張っているわけでもありません。しかし、もし学校で認められ高い評価を得ようとするなら、生徒は自分で成績を上げるにはどうしたらいいかを考え、その準備に勤《いそ》しむしかありません。だから生徒は自ら試験勉強をするのです。

常時、学校の先生がいて、生徒を無理やり縛り付けたり、監視したりして勉強させるわけではありません。もちろん現実には、先生に見られていないと勉強しない生徒はいるでしょう。ただ重要なのは、試験勉強は押しつけではなく、生徒自らの決断とされているのです。勉強せず、成績が悪ければ低評価を受ける、それは勉強しなかった自分のせいだ、ということになります。

生徒本人は、自分で決めて自分でやったという認識で、誰かに言われてやったとか、やらされているという感覚は乏しくなります。自ら進んで勉強した、というのは通常褒められるのですが、穿《うが》った見方をすると、そのような学校教育システムの支配の構造に、無意識に従っていると解釈できます。語弊があるかもしれませんが、教員が自ら手を下すことなく、生徒の自主性の名の下で、学校が望ましいと見なす方向に生徒の行為を誘導しているのです。

直接的な脅しや監視で人々の行動を抑制する横暴な権力行使は、支配の方法としては下手で非効率的です。そういう脅しや極端な監視体制は、目に見えて人々の行動を抑圧し自由を奪いますから、人々は不満や反感を抱くはずです。支配者もそれを理解しているので、人々が反乱を起こさないかと疑心暗鬼になり、あらゆる手を使って反乱の芽を摘み取ろうと監視網を張り巡らせ、不自由な社会が形成されます。

一方、パノプティコン原理では、支配者や権力者の顔が見えない、あるいは見えにくいのです。ですから不満の矛先をどこに向けるかも自明ではありません。しかしこの支配の構造の中では、目に見えない何かに自ら従わざるを得ない仕掛けがあって、その中に入って順応してしまうと、自らの行為を率先してその支配構造のもとに委ねてしまいます。自ら支配構造の秩序に従うので、監視などする必要はありません。支配者目線でいえば、非常に低コストで優秀な方法なのです。

このような組織のあり方は、社会学者のアーヴィング・ゴッフマン（一九二二〜一九八二）が提唱した全制的施設（似た境遇の人々が、俗世間と隔離された閉鎖的状況の下で、一定期間、その組織の規律的な管理のもとで生活するような施設）という概念に通じるものがあります。

学校に見られる官僚制組織としての特徴

あくまで設置者側の視点からみれば、学校は教育を低コストで合理的に運営できる工夫で溢《あふ》れています。それだけではなく、典型的な官僚制組織としての特徴が、いくつか見出されます。

日本では学校教育法に基づき、学校設置基準が定められます。そこでは学級あたりの児童・生徒数、教員数、校舎や運動場の面積、設置すべき設備、準備すべき校具・教具などが定められています。こうした基準をクリアしないと、認可すらされないことが官僚制的な統制です。

　学校で教える教員は、教員免許を持っているのが前提です。実際には、教員免許がなくても、教員より教えるのがうまい人はいるかもしれません。しかし、教員免許を持たない人が学校で授業を行うことは許されません。これも「免許の所持」という規則が厳格に適用される点で官僚制的です。

　また、学校段階で多少の違いはありますが、基本的に中央（文科省）で決まったことは、文科省から地方の教育委員会、学校の管理職を経て、各教員に通達がおりてきます。通達は文書で示されます。また学校運営のため、各教員は校務分掌という形で、業務を分担し受け持ちます。教員組織は、校長を筆頭に、副校長・教頭、主任、一般教員という階層的な構造をなしています。これらも官僚制組織の典型的な特徴です。

　義務教育段階では、原則として生まれた日により所属する学年が決まります。学年とか、学級という単位で組織化され、教育活動が行われます。学校によっては、テストの点など、成績によりクラス分けを行う習熟度別学級編成を実施しているかもしれません。学校の卒業・修了要件も定められていて、きちんと教育課程を終えれば卒業（修了）証書がもらえます。以上のような学年制やクラス編成は当たり前のように行われていますが、いずれにせよ、何らかの規則のもとで体系的に組織がつくられ、恣意的ではない運用がされている点で、官僚制的です。

パフォーマンスを上げる官僚制組織

ただ同じ官僚制組織でも、運用次第でパフォーマンスに大きな差が生じることもわかっています。社会学者のアルヴィン・グールドナー（一九二〇～一九八〇）が石膏《せっこう》工場の観察を行い、パフォーマンスの違いを生み出す特徴から、模擬官僚制、代表官僚制、懲罰官僚制の三つに分類しています。

石膏工場の場合、工場を運営する経営側と、そこで雇われて働く労働者がいます。両者は、組織として、より多くの利益を得たいという点で利害が一致しています。

ただ経営側は企業利益を最大にしたいでしょうから、人件費をはじめ、支払うコストをできるだけ抑えたいと考えるでしょう。だから賃金アップには必ずしも積極的ではないでしょうし、雇い入れる労働者も必要最小限にしたいところです。

労働者側は、自分たちの頑張りを評価し、それを賃金に反映させてほしいと考えます。賃金カットや減収は、余程のことがなければ不満の種になります。また仕事がきつければ、もっと人員を増やして、一人あたり負荷を減らすことを求めるでしょう。つまり、労使の利害は完全に一致するわけではなく、対立することもあります。そうした緊張関係を解決、緩和するために、通常労使関係についての法律が定められています。

その法的枠組みに基づいて労使関係が運用されるのは、官僚制的です。ただ、法的枠組みに基づいて運営されているとき、そこに経営者や労働者の対話や意思もなく、「法律で決まっているから」という理由だけで運用されているとします。これは最も理念型的な官僚制組織ともいえますが、極めて機械的ともいえます。これが模擬官僚制です。模擬官僚制のもとでは、一応ルーティン・ワークはまわっていますので、成果が全く出ないことはありません。ただ、ルールに則《のっと》って淡々と仕事をまわしているだけなので、期待以上の成果が上がることもありません。

模擬官僚制に対し、全く異なる官僚制のタイプが二つあります。一つは労使協調的なものです。つまり最低限、法的枠組みが決まっているものは仕方ないとしても、できるだけ経営側と労働者側で協議します。もちろん内容によっては合意点を見出すのは難しいかもしれませんが、それでも両者で話し合い、努力して合意点を見出すことによって、自分たちでルールを作ったのだという意識が醸成されます。こうすることで、お互いの納得感も得られます。このようなルールの下で運営される官僚制組織が代表官僚制です。

逆に、力の強い経営者側が一方的にルールを作り、それを労働者に押し付け、守らなければ何らかのペナルティをちらつかせる官僚制組織もあり得ます。代表官僚制のような運営は、労使の合意に時間がかかり、効率的な経営に見えません。気の短い経営者だと、そんなまどろっこしいことをせずに、ルールを押し付けてしまえば、話し合いにかかる時間的コストは節約できると考えるでしょう。労働者が嫌がるのなら辞めてもらえばいい、代わりはいくらでもいる、というわけです。これが懲罰官僚制とよばれるものです。

この三種類の官僚制の中で、パフォーマンスが最も良いのが代表官僚制です。次に模擬官僚制が来て、最も悪いのが懲罰官僚制です。

労働者も、感情を持つ人間です。命令すれば動く機械ではありません。グールドナーが挙げたのは工場の例ですが、近年の教育改革に伴う学校運営の在り方を考える上でもヒントになります。特に学校は、製品を作っているわけではなく、教育の対象も生身の人間である、ということを考えると、教育の成果、パフォーマンスの不確実性は非常に高く、また働くメカニズムもより複雑です。

官僚制組織は合理的・効率的な運営を行うといっても、杓子定規《しゃくしじょうぎ》にルールを当てはめるだけでは不満が蓄積することがあります。代表官僚制のように、一見時間や労力といったコストのかかる労使交渉のようなものを組織に反映させる方が、現実にはよりパフォーマンスを上げることもあるのです。

ストリート・レベルの官僚制

また、先に触れた科学的管理法やフォード・システムの研究を進める過程で、物的環境の整備や合理化を進めるだけでは、生産性の向上に限界があることがわかってきました。

例えば、労働者が上司の関心や期待を抱かれていることに気づけば、それだけ頑張ろうという気になってパフォーマンスを上げるというように、同僚との関係が生産性を左右することがあります。これは一種の観察者効果で、特にアメリカのウェスタン・エレクトリック社におけるホーソン工場での作業能率に関する工場環境（照明の明るさや組み立て工程など）の実験過程で偶然見出されたことから、ホーソン効果とよばれます。

ホーソン効果から明らかになったのは、製品という「モノ」を造る工場でも、そこでは複数の役割を持つ人間が働いており、そこで働く人間にはそれぞれの思惑や考え方、感情をもっていること、そしてその思惑や感情が絡んだ人間関係が生産性を大きく左右する、ということでした。

当たり前なようですが、人間関係というのは複雑です。人は確かに合理的に計算し、論理的に思考できます。しかし、合理性では説明がつかないような感情を持ち、その感情に基づいて行動することもあります。そうした感情をもつのも、人間としての特徴でしょう。

理念型の官僚制組織は、論理に基づいてつくられた組織です。ですからそれを人間社会に忠実に適用しようとすれば、感情的な面が無視されて無理が生じます。「モノ」を造る工場でも、人間関係が生産性に大きな影響を持つとされるくらいですから、学校のような生身の人間を相手にする組織では、合理性だけを追求しても、ことはうまく運ばないでしょう。

この点について、マイケル・リプスキーという人物が「ストリート・レベルの官僚制」という言葉を用いて考察しています。彼が考察したのは行政機関です。

一般的に行政機関は、官僚制組織の典型と見なされます。行政機関は、決められた施策を忠実に実行してゆく組織ですが、一般市民と接する公務員や窓口となる部署も存在します。

行政機関には、市民への接し方、特に市民が相談に乗ってきたときにどう対処するか、などの指針（ガイドライン）はあるでしょう。窓口対応も、基本的にはルールに則って行われるのが原則だと思います。しかし行政機関と接する市民の抱える問題は、あまりに多様です。その多様性を完全に網羅するような細かなルールまで作られているわけではなく、現実には市民と接する公務員には、一定の判断の裁量が存在します。

例えば、役所の窓口に何らかの証明をもらいに来たとします。その申請書には印鑑を押す欄があるのですが、印鑑を忘れたことに気づきました。その旨を役所の担当者に伝えたとき、印鑑でなければ駄目である、ルールはルールだと厳格に接する人もいるでしょう。しかし一方で、今回の書類はサインでも問題ないですよ、と済ませる窓口係もいるかもしれません。

これは些細《ささい》な例ですが、もう少し踏み込むと、生活に困って役所の担当窓口に相談に行ったとき、ルール上どうしようもないですね、とつれなく返事をしてそれ以上取り合わない職員もいれば、親身に相談に乗って別の方法を紹介するとか、他の部署に相談に行くといいなど、できる限りの最大限の援助を試みる職員もいるでしょう。要するに、一見ガチガチに見える官僚制組織も、最前線の職員の裁量は案外大きく、職員の対応如何《いかん》で市民の処遇は大きく変わり得るのです。

第一線の現場では、組織の方針とは相容《あいい》れず、困った人を救えないことも見えてきます。これを、自分はこの組織の一員だからと、心を鬼にして見過ごす対応もあり得ますが、一方で何とか困った人を救えないか、と考えます。それで組織の方針と矛盾しない形でベターな方法を見出し、相談に来た困った人に少しでも助けたい、と悩みます。もし最前線の職員に一定の裁量が与えられていれば、現場の工夫で何らかの方法を発見し、その悩みを多少なりとも和らげることができます。それでも、組織全体は問題なくまわってゆくでしょう。

教員も一種のストリート・レベルの官僚です。学校では予期しないようなことが起こりますし、保護者の考え方も様々です。一斉授業が効率的だといっても、同じ授業を受けたはずの児童・生徒の反応や出来もバラバラです。ルール通りにやれば規格通りのものができる、というモノを作るのとは異なります。組織論の観点からも、現場の教員に広い裁量が与えられているのには理由があるのです。

学校と理念型的官僚制組織とのズレ

このように、理念型の官僚制組織とは異なる運用が、現実の組織では行われています。これ以外にも、予期しないことが十分起こりうる学校において、学校システム全体の維持のために、いかなる工夫がなされているでしょうか。

学校で教えるべき一定の基準は、『学習指導要領』で定められています。『学習指導要領』

には結構細かいことが書かれているように見えますが、それをどのように教えるか、教室でどんな授業実践を行うのかは教師の裁量に任されています。

また、教員は専門性をもつ専門職と見なされているせいもありますが、一般的な会社員と比較して、教員個人の自律的な判断が一層尊重される傾向にあります。「学級王国」という言葉がありますが、原則として学級経営のあり方は担任に任されており、研修でもない限り、同僚であっても他のクラスの学級運営にいちいち口を出すのは憚《はばか》られる雰囲気があります。それは個々の教員が、自らの専門性や信念に基づき教育活動を行っているからで、またそうした活動や信念の自由を保障することで、創意工夫しながら、個々の教員の能力を十分発揮できると考えられているのです。

また厳格な官僚制組織であれば、卒業・修了要件は厳格に適用され、一定の点数を上回らなければ留年になってもおかしくありません。実際、ある段階の学校を卒業したとしても、それまでに学んだ事項の理解度に、相当な個人差があるのは明らかです。ところが留年は（特に高校まででは）、さほど頻繁に見られません。

そこには成績要件を厳格に適用しすぎると、留年者が増えて組織的に立ち行かなくなるという問題があります。もっとも、そういう消極的な理由だけではありません。ここでは何をもって教育と見なすかという「教育」に多義性があることと、学校が多様な解釈の余地のある「教育」を実践する組織である、という特性が、学校に官僚制的でない運用を許容しているのです。

もちろんカリキュラムをきちんとこなし、テストで満点をとれれば言うことはありません。しかし現実に、全教科でパーフェクトにこれを達成する子は極めて少ないはずです。基本的には、児童・生徒のやることには失敗がつきものです。失敗から学ぶことも教育で、満点をとれなくても、失敗を通して何かを学んだという点で十分意味があると考えることもできます。

さすがにほとんどの教科が零点だと困りますが、各単元の基本的な部分だけでもできるようになるとか、そうなるように努力したという姿勢も、相手が子どもであれば認めるべきだという考え方もあるでしょう。バッサリと点数だけで切ってしまい、早い段階でダメだというレッテル貼りをしてやる気を失わせるくらいなら、多少のことに目をつむって頑張りを評価してあげるほうが長期的にはメリットが大きい、という考え方も強ち《あなが》否定できません。ですから、テストの点が必ずしもよくなくても、別の課題の提出だとか、受講態度、出席状況などをみて、ポジティブに評価できるところは評価しよう、一般的な学校の多くはこういう姿勢で児童・生徒に臨んでいるのではないでしょうか。

広田照幸氏は、私たちもよく耳にする「教育的」という言葉の誕生とその使われ方を歴史的に検討しています。「このテレビ番組は教育的ではない」とか「失敗しても、それを反省させ再度チャンスを与えることも教育的だ」とか、「教育的」の意味内容は明確でないものの、「教育的」はこうあるべきという規範性を帯びたニュアンスで用いられていることがわかります。

このような「教育的」の使用法の萌芽《ほうが》は明治中期頃、つまり公教育制度が確立し、教育という営みが政治や経済とは独立した一つの価値体系や論理をもつ空間と見なされるようになった頃から、徐々に観察されるようになります。そして大正期に入る頃には、「教育的」の内容、つまり何が教育的で何が教育的ではないのか、というような議論がなされるようになったようです。

「教育的」をめぐる議論が成立する下地には、「教育的」なるものが普遍的に善である（よいものである）と考えられるようになったことがあります。要するに、教育はもともと素晴らしいものだ（これが進むと、教育は「聖なるもの」となり、教職は「聖職」と見なされるようになります）が、何が教育的なのかという合意はないので、教育の中身をめぐって延々議論が交わされるのです。

何が教育的なのかの究極的な解答はないし、その合意をとるのも難しいでしょう。それでも学校は存在し、教育活動は進めなければなりません。だから細かな実践に、いちいち口を挟むようなことはせず、相当非常識な実践を行わない限り、教員の授業や学級経営は個人の裁量に任されるのです。

これをストリート・レベルの官僚制の話にひきつければ、教員の現場における裁量は通常の行政機関よりずっと大きいので、子どもからみれば教員は強い権力をもっているように映ります。さらに何が教育的なのか、という判断も、教員により様々です。子どもからすれば、それぞれの教員の顔をうかがいながら、自らの評価にとって有利に働く行為を選択することになるでしょう。その点で、教員は子どもが行う選択行為に、非常に大きな影響を与えていることに自覚的でなければなりません。

タイトな統制・ルースな統制

こうしてみると、学校というのは随分いい加減に運営されている組織だ、と思う読者もいるかもしれません。ただそれは私が言いたいことの主眼ではありません。

点数が悪くても卒業させるというとき、いくら「教育的」が多義的だとしても、点数の悪さを完全に黙認し、生徒に何もさせず卒業を認めるのを「教育的」と考える関係者はかなり稀《まれ》でしょう。こんなことをしたら、その学校の卒業判定が社会的信用を失い、卒業証明が無意味と見なされかねません。

つまり組織として卒業させる以上、対外的に、この生徒は卒業に値するのだと説明できる必要があります。だから点数が悪くても、きちんと努力していた、頑張っていたことが証明できるような実績を求めるわけです。その実績の具体例が、別課題の提出、出席して真面目に授業を受けるという授業態度、そして出席日数だったりするのです。つまり現場の裁量は大きくしても、組織としての卒業判断を正当化できる根拠となる最低ラインがあるわけです。

二〇〇六年ころ、高校で本来、『学習指導要領』で必ず履修することになっていたはずの科目を、大学進学準備教育などを理由に生徒に履修させず、単位不足となっていながら「卒業」させていたことが次々と発覚し問題となりました。かなり超法規的な措置で収拾が図られましたが、これが問題となったのは、学校の裁量の範囲を逸脱し、国で定めた高校卒業要件（最低ライン）を無視したからです。

高校は生徒に、基準の教育課程を提供する義務があります。それをやるから、公的に高校を名乗れるのです。その教育課程の実践方法に、細かい指示はなされません。しかしこのときの逸脱は、授業の実践方法という裁量の大きな部分ではなく、高卒の定義そのものにかかわるものであり、高等学校の学校制度や卒業資格の正当性を脅かすものだったのです。

教員の資格も、同じようなことが言えます。教員免許を取るには、単に教える教科の専門知識だけではなく、実践と関連する教職特有の科目を履修することになります。これらが実際に現場でどの程度役立つかは別としても、教員免許を取得しない一般の大学生との違いがここにあり、教育実践に絡む授業を履修した事実は残ります。

もちろん教え方のうまい下手は主観的なもので、子どもとの相性の問題もあります。それでも教員に採用する際には、何らかの客観的基準が必要です。教員免許の有無は、その基準を示しています。どうすれば免許をとれるのか、採用試験はどのように行われるのか、採用試験の過去問も公開されていますから、教員がいかなる基準をクリアして採用されたかも私たちは知ることができます。このことが、恣意的に教員登用を行っていない証《あかし》になります。

前章で述べたように、官僚制組織は形式合理性を重んじます。外的にみてわかりやすく、普遍的な制度を例外なく適用するから、社会的に信頼を得るのです。これをタイトな統制とよぶことにします。

一方、学校には典型的な官僚制組織以上の融通性があり、教員には大きな裁量が与えられています。タイトな統制を逸脱しない範囲で、現場レベルで様々な工夫がなされており、これをルースな統制とよびます。定められた教育課程の時間数をきっちりこなすのはタイトな統制ですが、その授業をどう実践するかは現場に委ねられているという点でルースな統制と言えます。

組織は、このルースな統制とタイトな統制の絶妙なバランスの上に成り立っています。いずれかだけではうまくいきません。ルースなだけ、というのは個々に勝手にやっているに等しいですから、組織の体をなしておらず、社会的信用が得られません。逆にタイトなだけでは、いずれ組織運営が行き詰まります。

組織間の緩やかな連結

ここで、中学校と高校の関係をみてみましょう。高校側は入学してくる生徒は、中学校の教育課程を履修したと考えています。もっとも現実には、中学校で習う内容を完全に理解できないまま高校に入学する生徒はたくさんいます。

もしタイトな統制が生徒の学習内容や水準に及ぶとすると、履修内容を理解できない生徒は卒業できません。高校入試は、中学校で習う内容しか含まれないので、理想上は満点でなければなりません。ただ、それを完璧に求めるのは現実的ではありません。そこで現場が重視しようとするのは、（仮に点数は悪くても）履修した事実があるかどうかです。完璧に解けなくても、履修した跡があれば、進級、卒業させるのです。

義務教育ではちゃんと出席していたか、できるように努力したか、努力の過程で少しでも進歩したかが問われるでしょう。入試では当日のテストだけではなく、調査書の記録も参考にされるはずです。国が定めた科目を履修した事実がなければ卒業要件を満たさないので、高校への出願資格も失うことになります。このルール自体は恣意的に運用できません。

だから中学校側は、卒業の資格を獲得させる方策を考えます。生徒に出席を促す、別の課題を出して提出させる、そうやって学校として履修に必要な機会は与え、本人が応えることで、卒業させる名目が立ちます。

高校側もそうした事情は理解しています。もちろん高校も中学校同様に卒業要件があって、『学習指導要領』に則った単元を履修させないと、高卒資格を付与できません。

ただ中学校の成績が芳しくない生徒は、いきなり高校のカリキュラムに全力投球しても、ついてくることができません。現場の裁量でわかりやすい教材を使ったり、中学校の復習を並行して授業を進めたりするかもしれません。これを「中学校の内容を高校でやるとはけしからん」というのはおかしな話で、現場レベルが現実に合わせて工夫して、何とか高校の範囲まで履修させる、というのは、むしろ推奨されるべきです。『学習指導要領』には、各学校段階で学ぶべきことが書かれていますが、よく読むと、中学校と高校で、重複して書かれていることも少なくありません。

つまり「ここまでは中学校」、「ここからは高校」というように、厳密に単元が切り離されているわけでもありません。『学習指導要領』の履行はタイトな統制に見えますが、その内容をつぶさに見てみると、解釈の多様性や、柔軟な運用を可能にする書き方となっています。つまり中学校と高校の課程は、クリアに区別されているわけではなく、緩やかに連結しているのです。これはカール・ワイクという組織論の研究者がルース・カップリング（loose-coupling）とよんだもので（同じものを、第五章で触れるジョン・マイヤーは脱連結［de-coupling］とよんでいます）、組織間の結びつきに弛緩《しかん》性を持たせることで、むしろ組織が無理なく円滑に運用できるのです。学校は、ルース・カップリングが最大限活用された組織なのです。

第一章で、教員の仕事が極めて多岐に渡っていることを確認しました。しかしこれは日本の教員についてであって、海外では必ずしも当たり前ではありません。学校は官僚制組織の一形態であり、組織の役割分化が進んでいくのが特徴ですが、その役割分化の進み方は社会によりかなり異なります。

学校での教育的指導については、いろいろな考え方はありますが、大きく分けると学習(教科)指導と生活指導に分けられます。英語でいえば、前者はteachingやinstructionで、後者はdisciplineとなります。

生徒指導、という言葉もありますが、これは児童・生徒の自発的かつ主体的な発達を促すような支援全体を指し、学習指導と生活指導を包括するものといえるでしょう。他に、そうした発達を促す指導の一つとして、進学先や職業選択などを含めたキャリア全般を考えさせる進路指導もあります。これらはすべて、日本では教員が行うべきものとされています。

もちろん近年の改革により、日本の学校でも生徒の悩みや問題を解決するために、スクール・カウンセラー、スクール・ソーシャル・ワーカーのような、教員が保持していない(大学の教職課程の授業だけではカバーしきれない)専門性をもった専門職が配置されつつあります。文部科学省は、こうした多様な専門性を持つ専門家が学校の中で連携し、課題に取り組むことを「チームとしての学校」とよんで推奨しています。

ただ教育社会学者の油布佐和子《ゆふさわこ》氏も指摘するように、日本の学校に入ってくる専門家の多くは、その学校に常駐しているわけではなく、週何回などという形で派遣されるのが普通です。これらの専門家は非常勤の場合が多く、常勤の教員に対して強い意見は言いにくいという問題があります。

油布氏によれば、日本では学校にかかわる専門職スタッフの八割が教員で、それ以外の専門家は約二割に過ぎません。しかしアメリカの場合、教員は六割弱、イギリスの場合、教員はほぼ半分にとどまります。アメリカやイギリスでは、教員の役割は学習指導に限定されているからです。

組織論的に見れば、日本の学校は官僚制化の程度が低く、アメリカやイギリスの学校は官僚制化が進んでいる、ともいえます。英米の学校で日本の生活指導にあたる部分がないわけではないのですが、それはどちらかといえば家庭や地域の役割だと考えられている面が強いように思われます。

例えばアメリカにおける進路指導は、スクール・カウンセラーをはじめとする様々な専門職の役割だと考えられています。英文を読んでいてカウンセラーという単語が出てきたとき、日本のような臨床心理学をバックグラウンドにし、生徒のメンタルな相談に乗るカウンセラーを想像して読むと、違和感を抱くことがあります。生徒の希望を聞きつつ、当人が学んでいる内容や成績などを勘案し、将来設計にアドバイスを与える専門職がカウンセラーの役割で、日本のように、普通の教員が教科指導をしながら、進路指導もする、というのとはわけが違います。

日本と英米の差は、雇われた専門職・教員の雇用形態や働き方、組織のあり方、さらにいえば保護者をはじめとする社会の学校観の違いを反映しており、容易にどちらがいいと結論づけるものではありません。ただ、教員の過労死が話題になるほど仕事が膨大になり、制御しきれなくなっているのは、日本の学校が様々な期待を負いすぎていることと、教職員の役割の未分化があるのだろうと考えるのは、理にかなっているように見えます。日本における教育政策は英米を意識し、それを真似《まね》る傾向が強いのですが、「チームとしての学校」も専門分化の進む英米の学校が意識されています。

役割分化や教員増は多忙化を解決するか

では役割分担をすれば、教員の仕事は減って多忙化は解決するのでしょうか。残念ながら、そんな単純な問題ではありません。

官僚制化が進み、専門分化が進むのは、セクショナリズム（個別のセクションの壁が高くなり、組織全体の風通しが悪くなること）のリスクを孕《はら》みます。セクショナリズムを防ぐにはどうすればいいのか。チームとしての学校に当てはめれば、教員と個々の専門職の連絡を密にすることになります。

先ほど述べたように、日本の専門職の配置は予算の都合もあり、いかにも中途半端です。スクール・カウンセラーが来ると言っても、不定期でしかなく、普段子どもと接しているのは教員です。カウンセラーの専門性を活かした助言を仰ごうとすれば、余計児童・生徒の様子を細かく観察し、それを報告しなければなりません。そしてその情報交換や連携の会議も出てくるでしょう。教員が担っていた仕事の一部を別の専門職に任せたといっても、その分連絡や調整の仕事が生じるので、トータルで仕事が減るはずだ、と考えるのは甘すぎます。

官僚制化が進み、それに付随して起こる病理的現象を抑えるため行われる対策は、新たな会議や事務作業を増やし、形式主義を促します。風通しの悪くなった組織間の情報共有に資するという名目で書類書きが増えるのは、組織の維持が目的であって、児童・生徒の抱える課題の解決に直結する仕事ではありません。その結果、一体何のためにやっているのか、という無力感が募り、本業である生徒指導の時間が削られれば、教員の意欲の低下が起こりかねません。

多忙化解消のために教員増を、という声は根強いのですが、それが功を奏するかは運用次第で、教員増が多忙化を解決するかは自明ではありません。現在、教員の採用は選抜試験を経ていますが、増員が選抜基準を大幅に下げ、教員の資質を下げることにならないか検討されなければなりません。教育研究者の妹尾《せのお》昌俊《まさとし》氏が触れたように、教員採用試験の倍率が低下している今、ただ増員を図るだけだと資質が低い教員が増えて、そのサポートで業務が増える可能性もないとは言えません。

さらに、人員が増えると、臨時収入があったように気が大きくなって、これまでできなかった業務に手を出したくなるかもしれません。そうして新しい仕事が生み出されると、人が増えても忙しいままという状態は続きます。

教員の協働

少しネガティブな話が多かったかもしれません。もう少し前向きに考えてみましょう。

かつてアンディ・ハーグリーヴスという教育学者が、うまく機能している学校の教員の関係を協働（collaboration）という言葉で示しました。同僚と協働関係を構築するには、次の五点が重要だと言います。

第一に、教員の自発性に委ねられていること、第二に、行われている実践に強制性や義務性は存在しないこと、第三に、実践が発展志向であること、第四に、同僚間でのコミュニケーションに制限を設けないこと、最後に、実践の成果はいつどのように出るかは明らかではないという不透明性があり、そのことを教員たちも理解しているということです。

グールドナーの官僚制組織論でいえば、代表官僚制に最も近い見方です。重要なのは、そこにいるメンバーが自発的に組織と向き合い、お互い納得して運営している点でしょう。

日本の職員室の構造にも触れましたが、あの構造は教員間のコミュニケーションを密にとる上で好都合です。ハーグリーヴスは同僚間での情報を共有し、お互いそれを補い合うこと（相補性）、そしてその情報は一見無駄とも思えるようなものであっても、広く共有しておくこと（冗長性）が必要だと述べています。代表官僚制の民主的手続きは、時に時間もかかり効率的でないように見えるのですが、それが結果的にパフォーマンスを上げるのと同様、こうした必ずしも合理的・効率的ではないように見える情報交換の機会が、結果として組織に良い面をもたらすのです。

児童・生徒の親子関係の問題とか、ちょっとした子ども間のいざこざの話など、普段はすぐに活用することがなくても、問題があって対処しようとしたときに威力を発揮することがあるからです。

そして日本の学校では伝統的に、そうした情報が教員の中で共有され、生徒指導に活かされてきました。少なくとも、日本の学校における児童・生徒の逸脱行為の頻度や、学力テストの国際比較の結果をみても、このようなやり方がまずかった、といえる根拠は見出せないように思います。

ただ近年は、発達障碍《しょうがい》をはじめとして、児童・生徒への対応として様々なニーズが増えており、教員だけで解決できるのか、というのも至極まっとうな疑問です。なぜこんなことまで学校や教員が関わらなければならないのか、と思いつつ、世間や同僚、保護者の手前、本音を吐き出せず、黙々と仕事をこなしている教員も多いでしょう。このような状態が継続するのも、やはり教員の労働意欲の維持の点から問題があります。

教育現場ではありがちですが、先進的な取り組みを現場の十分な理解を得ずに形から取り入れようとすると失敗します。私たちが新しい試みを実行するとき、目に見えてわかりやすいところから真似することがよくあります。

例えば、文科省の示すガイドライン通りの専門家を頭数だけ揃《そろ》えて、あたかも相互連携しているように見える会議を行う、問題が出てきたらその問題に応じて個々の専門家が対処することをマニュアル通りなぞるとします。

外形的にそれをなぞっただけでは、そこに教員の自発性はありません。組織としての義務感で、業務をこなしているように見えます。ハーグリーヴスは、contrived collegiality という言葉でこれを批判しています。定訳はないのですが、contrived というのはネガティブなニュアンスがあり、現実味がないとか、こじつけとか、もっともらしくない、ということです。つまりわざとつくられた（自発的ではない）同僚性、というような意味です。「チームとしての学校」の理念を官僚制的に実行すると、グールドナーのいう模擬官僚制に近いものになります。一見、組織がまわっているようにみえるかもしれませんが、活力は生まれません。

今の日本の財政状況からは難しいのかもしれませんが、もし個々の専門職の専門性を本当に発揮させようとするのであれば、人材配置のあり方を含め、手厚い組織的バックアップが必要です。そうでないと中途半端に終わり、成果もわからないまま忙しくなっただけ、となりかねません。管理職は、専門職の威力をどうすれば発揮できるのかの経営手腕が試されることになります。政策は教員をはじめとする専門職の働きを、最大限発揮させるための支援体制を考える必要があります。

余談ですが、学校管理職の「リーダーシップ」の意味をはき違えて、上意下達を進めて評価をちらつかせるやり方は、グールドナーの分類でいえば懲罰官僚制にあたります。このような学校経営を望ましいと考える自治体の首長もいるようですが、教員の萎縮効果を生むだけでなく、労働意欲も削《そ》ぐことになり、組織内では事なかれ主義も蔓延《まんえん》して、長期的にはよい効果をもたらさないでしょう。

立場により異なる合理性の意味

本書ではここまで、あまり注意せずに合理性という言葉を使ってきました。ただ少し想像すればわかりますが、誰にとっての合理性なのかを考えると、意味が大きく変わります。社会学では、合理性概念の多義性がたびたび注目され、複数の社会学者によって検討されています。

第二章でふれたウェーバーの提唱した合理性概念には、目的合理性という言葉もあります。例えばあなたがテストでいい点を取ろうとすれば、その目的を達成するために最も効果的と考えられる行為は、当然勉強することです。これはわかりやすい目的合理的行為の例です。しかし中には、いい点が取れるようにと、ひたすら神棚の前で祈り続ける人もいるかもしれません。目的合理性の観点からすると、そんなことをしている暇があれば、参考書の一ページでも見直した方がいい、と考える方が理に適《かな》っています。しかし、もう神頼みしかないと考えるその人には、その言葉は届かないかもしれません。この祈る行為は、その祈っている人の価値観に立てば理解できる行為ではありますが、目的合理的に見れば非合理的です。神に祈るという価値観を共有しなければ理解できない合理性であり、これは価値合理的行為といいます。

価値合理的行為を理解するには、共通の価値観に立つ必要があるので普遍性はありません。目的合理的行為は、最終目標が定まっていれば、効率的に、かつ最大の利益を得られるように考えた行為、ということで、立場を問わずその内容が理解できます。その点で目的合理性には普遍性があり、官僚制組織と親和的です。通常、私たちが合理的とか、合理性という言葉を用いる際には、暗黙のうちに目的合理性が想定されていることが多いと思います。

また教員と児童・生徒の立場は全く異なっており、両者の目標がどこまで共有されているかも問題になります。もちろん両者の目標が揃っている学校もあるでしょうが、あまり勉強もせず、できるだけ手抜きして卒業さえできればいい、と思っている生徒が多数いて、一方で教員はとにかく教育活動に熱心に取り組んで、最大限のパフォーマンスを引き出したいと考えているとすれば、両者はかみ合っていません。ですから、お互いが考える目的合理的行為を実行すると摩擦が生じるでしょう。ここではまず、学校としての目標を合致させる必要があります。目的合理性は普遍性があると言われていますが、立場で中身が異なることがありうるのです。

また仮に学校の職員の役割・専門分化が進んだとします。学校で児童・生徒の間で起こる問題の原因は、複合的なものが多く、成績の悪化、家庭環境の変化、非行などの逸脱行為といった問題は、相互に関連している可能性が高いです。ここでもし官僚制化を進め、専門性に基づいた処置を徹底するとすれば、一人の児童・生徒の問題にも、様々な専門家が次々出てきて、違った（場合によっては相互矛盾するような）アドバイスをするかもしれません。

もし児童・生徒を日常的に観察している担任であれば、様々な情報を握っているので、その児童・生徒の個性に配慮した対応がなされるでしょう。その対応は、あくまでその児童・生徒の立場に立ったものであり、普遍性はなく、他の子どもには安易に適用できない可能性もあります。しかし考え方によっては、そうした対応に合理性があるように見えます。つまり形式主義的な対応ではなく、文脈に応じた処置が求められるのです。このような文脈をおさえた個別的な合理性を、実質合理性とよびます。

官僚制組織の下では、この実質合理性が見えなくなりがちです。規則やルールを最も重んじる以上、例外的な個別対応は、組織の中で波風を立てることになります。ですから多くのメンバーは、問題を大きくするのは厄介なので、事なかれ主義、前例主義に走り、その場をやり過ごそうとします。

本来学校は、かなりの裁量を許されています。学校に余裕があれば、問題を抱えた子どもへの対処について、十分な時間やエネルギーを注いで教員間の協働により解決に向かうこともできるでしょう。しかし今は、学校に余裕が失われ、次々生じる問題を解決したかのように見なそうと、機械的にやり過ごす形式合理性を優先せざるを得ない、というのが現実ではないでしょうか。

現場の実践をどう支えるか

本章を閉じるにあたって、教育政策と教育現場（学校）の関係はどうあるのが望ましいのか、考えておきましょう。

政策は、基本的にシステム全体を考えて実行に移されます。つまり制度や設備、資源配分など、現場がどう動くかの基盤や仕組みづくりに関わります。この仕組みが、現場の状況を全く無視したものでは誰もついてきませんので、現場の状況は踏まえてもらわないと困りますが、基本的には現場の実践を最大限サポートする、というのが政策の果たすべき役割だと思います。

そのサポートには費用がかかります。ただ日本の財政状況はＯＥＣＤ諸国で目立って悪く、COVID-19で経済状況も悪化し、先行き不透明な中で、国民負担を増やすような施策はどの政党もやりたくないでしょう。したがって財源がない、という現実に直面し、袋小路に陥ってしまいます。

財源不足に悩んでいるのは文部科学省だけではありません。他の省庁も、隙《すき》あらば自分の領域に財源を振り向けようと、財務省と折衝することになります。ですから、各省庁は財源が必要であることを必死にアピールせざるを得なくなります。予算配分にもそれなりの理屈が必要ですから、最も説得力があるのは、何かをやったという実績で、その実績に基づいて予算折衝をすることになりがちです。

飽くことなく繰り返されてきた教育改革は、そうした予算折衝の根拠となる実績づくりではなかったのか、改革は本当に現場が必要としていたものなのか、冷静に考える必要があります。

さらにいえば、ハード面の条件（財政面・人員面）が十分サポートされないまま、現場に過大な負担を押し付けたり、実践面の細かいことに口を出すのも問題が大きいと思います。

総合的学習の時間が導入されたとき、現場にノウハウがないため、様々な不満が持ち上がりました。文科省側は、そうした批判を受けていろいろ事例を示したじゃないか、というかもしれません。確かに教員側もいろいろ工夫の余地があるはずで、そうした工夫も教員としての仕事のやりがいに含まれるはずですから、教員の積極的な態度がもっと必要なのではないかという意見は一理あります。

ただこのような授業には、かなりの研究や準備が必要です。問題は、それ以外にも様々な要求が学校になされるようになって、全く授業研究を行うような余裕がないままで（つまり有効な教育実践を行える体制がないままで）現場の努力でそれをカバーせよ、という形で政策が実行されている点です。資源がないにもかかわらず、現場の努力や精神力でそれを乗り越えることを課するのが政策になってしまうのは、残念ながら、第二次世界大戦前からの日本の伝統芸のようです。

政策を語るときに、かかるコストはしっかり提示し議論しておくべきだと思います。甘い見積もりでしわ寄せが来るのは、大体現場や弱い立場の人たちです。現場も一定の創造力は働くので、工夫してそれをうまく乗り切るとか、それが場合によってはイノベーションにつながる可能性はなくはありません。ただしそれを初めからあてにするのは賭けに等しく、政策とよぶに値しません。

また現場の実践にいろいろ口を出し、場合によっては制裁をちらつかせることは、模擬官僚制や懲罰官僚制に近づくことになります。むしろ今の学校の教員集団の力を信じ、現場がじっくり考え、創造性を発揮できる土壌をつくることが政策の使命だと思います。教員自身が創造性を発揮せず、マニュアル通りにしか動けないようでは、況《いわん》や子どもをや、ということにならないでしょうか。

第四章　なぜ「学校教育は役に立つか」が議論になるのか

学校の経済的機能を捉えなおす

第三章までで、学校教育の成り立ちや組織的特徴と、近年学校が直面する問題について説明してきました。学校教育がここまで私たちの人生に組み込まれ、当たり前と言える存在になるには、何らかの必然性があったと考えられます。つまり学校があることで私たちは実益を得ている、社会に役立っている、だから学校は存在しているのだ、というわけです。それについて考えてみましょう。

生活上必要な知識を身につけることは不可欠ですし、学校教育でそれが可能になるなら、学校教育を受けることでメリットを享受できます。社会にとっても、学校教育が個人の適性を見出し、また才能を伸ばして適材適所に人材を配置できれば、世の中が円滑にまわり発展が促されるメリットがあります。教育を受ける人が増えれば、高レベルの知識や技能をもつ人々が社会全体にストックされるので、社会的資源となり、また活力の要因となります。

近年はどんどん科学技術も発達しています。ですから、社会で要求される知識や技術の水準は高まっていると考えられます。その変化に対応するには、上級学校に進学して、高いレベルの教育を受ける必要があります。そう考える人が増えれば、進学需要も伸びます。かくして、学校制度はどんどん拡大していきます。

以上の説明は、一般の人々が暗黙のうちに教育に抱くイメージや期待感に近いものだと思いますが、これは学問的に機能主義という立場と一致します。

機能主義の中で、所得の増加のような経済的メリットを強調したものを人的資本論といい、ゲーリー・ベッカー（一九三〇～二〇一四）によって体系化されました。この立場に立てば、教育を受けた人が知識・技能を社会に出て活用し、社会の発展に寄与するので、教育支出は社会的投資と見なせます。学費を払って進学するのは、その時点では支出ですが、そのおかげで就職し高い所得を得られれば、支払った学費や、進学によって放棄した就業機会に基づく所得（いわゆる機会費用）も取り返せる上に、さらに収入を増やすことも期待できます。だから支払う教育費も、一種の投資と見なせます。

一般的には高い教育を受けることで、生産性も高まると期待できます。つまり、教育によって合理的に、効率的に仕事をこなすための考える力が身につくとか、実際に使うのが難しい器具や機械を利用するスキルが身につきます。結果的に、教育を受けていない人に比して、受けている人の方が、同じ時間や労力を費やした場合、多くの成果を生み出せると予想できます。

成果が増えれば、所得の上昇も期待できるでしょう。政府からすれば、所得上昇で税収増を期待できます。だから人的資本論に立てば、政府が教育に支出（投資）することは正当なのです。

経済面に限定されない学校の社会的機能

人的資本論の説明は、教育を経済的な価値から意義付けようとします。ただ、教育の意味は必ずしも経済的な価値だけに還元できるわけではありません。教育を知育に限定せず、情操教育やしつけ教育、徳育なども含めれば、さらに広く社会的な意義を説明できます。

特に受験競争が激しかった時代、日本の教育は受験対策一辺倒、点数主義などと批判されてきました。ただ学校現場から見れば、それはあまりに一面的な見方です。学校生活は授業だけで成立しているわけではありません。様々なイベントが用意され、それに向けて子どもたちが共同して準備します。クラブ活動や部活動、児童会・生徒会活動もあります。

学期の初めにはクラスの中で各種の係や委員を決めて、その持ち分の役割を責任もって果たすことも求められているでしょう。給食や清掃も、教育的な意味が込められています。佐藤秀夫（一九三四〜二〇〇二）によれば、学校の清掃にもともと教育的意味はなく、財政的に清掃員を雇うことができなかったので、仕方なく生徒にやらせるようにした、というのが始まりらしいのですが、今は清掃も何らかのもっともらしい教育的な理由をつけて正当化されているでしょう。

知育に限定すれば、同じ教室空間にいなくても、参考書のほか、新しいテクノロジーを利用すれば自学自習は可能です。ただ学習面以外の生活指導を、家庭や地域社会、他の私的なサービスに頼ろうとすれば、社会的な支援や準備が必要で、何よりコストがかかります。現状では、学校以外の場所で、誰もが享受できるこうした場をつくるのは非常に難しいと思います。

つまり学校活動を通して、共同体の中で他者と協働して何かをやり遂げること、社会は様々な役割の人々から構成されており、そのどこかが機能不全に陥ると共同体の存立が難しくなること、それゆえ相互扶助の精神が必要になることなどを学ぶことが目指されているわけです。

また教育が与えた知識をもとに、人々の意識が高まり、社会全体の生活水準が改善されることも考えられます。わかりやすい例をあげれば、現在COVID-19が感染拡大していますが、どういった行為が感染拡大に結び付くのか、ワクチンの効用やマスク着用の重要性（それは自分のためのみならず、他者、社会全体のためでもある）など、健康に対する意識を向上させる可能性があります。

それ以外に、日本の学校では、身体計測や様々な健康診断、予防接種のほか、機会があれば様々な公衆衛生、防災、交通安全などに関する知識の付与も行われています。これらが、小さな頃から学校を通してすべての子どもに実施されていることの社会的メリットは、軽視すべきではありません。

以上の話は、聞けばもっともだ、と感じるでしょうが、実証的に証明することが困難です。人的資本論の場合、所得のように明確に数値化できる形で教育の成果を測定し得るので、研究蓄積は経済学を中心に多数あります。ただ、数値化できない曖昧な話を、客観的に示すのは容易ではありません。

またこうした見方に対する反論も予想できます。今は世界的に見ても、学校教育が過去にない水準で普及しています。だとすると、今を生きる人々は、過去のどの年代の人よりも、社会の仕組みを理解し、民主主義的な共生社会がもっと根付き、非科学的な言明に対する批判精神が強まっていてもおかしくないですが、世界ではそれに反するような動きも広がっています。

インターネットや、それを利用したSNSがここまで発達するのは予想できなかったかもしれません。しかしフェイク・ニュースに惑わされ、意見の異なる人々の見解を受け入れられない（エビデンスを示しても全く耳を貸さない）事例もよく見られます。この現象と学校教育拡大の関係をどう捉えるべきか、またこの問題が学校教育により一定程度解決できるのか、という重い課題が突き付けられています。

投資としての教育

ここで話をわかりやすくするために、学校に行くメリットを経済面に絞って考えてみましょう。

経済取引では、ある品やサービスを受けたければ、その対価として金銭を支払います。つまり取引は物品・サービスと金銭の交換という形で終わります。一般の市場取引では、取引の影響は物品・サービスと金銭を授受した当事者間で完結し、他に波及することはありません。

ただし、教育の場合はもうちょっと複雑です。授業を受けお金を払ったというとき、授業を受けた生徒は何らかの知識・技能を身につけ、それを利用して社会貢献します。その結果、社会もメリットを受けることになります。学校教育を通じ社会規範が身につけば、安心して生活できる治安の良い社会が構築できるかもしれません。社会も一定の利益を得るのであれば、いくらかは社会も負担すべきという話になります。この状態を、経済学的には「正の外部性」がある、といいます。

義務教育では、基本的な読み書き計算を習います。それができない人が多くなると、社会の維持コストが増えるかもしれません。文字情報を通じたコミュニケーションも難しくなるでしょうし、職に就くのも困難になり、治安の悪化も懸念されます。義務教育は、社会のメンバーが漏れなく学ぶことに意義があると考えられており、だから保護者には子どもに教育を受けさせる義務が生じるのです。

学校段階が上がると、習う知識や技術のレベルも上昇します。上級学校での教育のメリットの一部は社会も享受するのですが、学ぶべき知識が徐々に専門分化していけば、個人の習得する内容も専門的になります。その専門性は、誰もが保持しているわけではないからこそ、労働市場で高い賃金という形で本人に返ってきます。また専門性の高い知識や技能は、社会全体というより、特定のニーズに応えるもので、それは市場において必要な人の負担で賄うという考え方が自然です。

したがって専門的な教育は、それを身につけた個人の便益が大きくなると予想できます。実際日本では、高等教育段階の家計負担が多くなっており、それは一応理に適《かな》っています。ただし私費負担額が大きすぎて進学機会が狭くなると、才能があるのに進学できず才能を活《い》かせない人が出てくるという社会的損失が生じます。また大学の研究成果は、社会に一定の便益をもたらしていると考えられます。ですから（OECD最低水準ですが）日本でも、高等教育の一部に税金が投入されているのです。

教育の逆進性

現状のままで、大学の授業料を無償とする施策が実施されたとしましょう。大学に進学しなかった人々は、働き始めればすぐ所得税を納めます。一方、学生は所得税を払っていません。つまり高等教育の無償化は、既に働いている相対的低学歴層から税をとり、進学しやすい高所得層・高階層に（授業料を払わなくてよいという形で）資源を再分配していると解釈できます。

ハロルド・ウィレンスキー（一九二三〜二〇一一）という社会学者は次のように指摘しています。教育の機会を平等に与えれば、低階層出身者も教育を受け、就労のチャンスを得て、安定した生活が可能になる。このように、教育を社会保障や社会福祉につなげてイメージすることもできます。ただ社会保障・社会福祉政策は、高所得層から徴収したお金を低所得層へ移転する所得再分配政策が基本です。つまり格差・不平等の是正が大きな目標となります。

しかし高等教育の無償化は、恵まれた高所得・高階層が通う傾向のある高等教育機関の授業料がなくなることを意味します。つまり、メリットを受ける多数派は高所得・高階層出身者です。彼らが通う学校のコストを公的に負担するのは再分配政策とは解釈できず、むしろ高所得・高階層出身者の負担を減らす政策に映ります。そのため、格差の拡大につながりかねません。

ただ進学率の上昇など、社会情勢が変化すれば考え方も変わってきます。学んだ知識や技術が他の人が身につけていないようなものであれば、それはアドバンテージになり、ウィレンスキーの指摘がよくあてはまります。しかし進学が普通になれば、同等の知識や技術を皆がもつようになり、アドバンテージになりません。代わって、それを身につけていないことが不利に働き、就職機会を奪われるなど、社会的排除のリスクを負います。こうなると進学は権利と見なされ、進学機会の保障が社会的課題となります。後期中等教育の高校が、このような歴史を辿《たど》ってきたのはよく知られるところです。

現在、高校を出て就職する人は、卒業者の二割弱にとどまっています。つまり八割の高校卒業生は、何らかの形でより上級の学校に進学しています。四年制大学への進学も、既に高卒者の半分を超えています。進学先は様々ですが、高等教育は当たり前といえる状況になりつつあります。ですから「低所得層に負担を強いて、もともと階層の高い人が多い進学者に便益を与える」というウィレンスキーが指摘した高等教育進学の逆進性の問題は、やや時代錯誤で的外れになりつつあります。

まだ課題は多いものの、高等教育への就学支援制度が二〇二〇年から始められました。国立大学を中心にこれまでも認められていた授業料免除だけでなく、給付型奨学金もわずかながら支給されることになりました。奨学金制度は、逆進性の問題を解消する一つの手段です。しかし、もともと日本の「奨学金」は日本学生支援機構によるローンがほとんどで、OECD諸国でも、給付型奨学金がほとんど存在しない稀《まれ》な国の一つだったのです。また奨学金の給付を行う際には選抜が必要になりますが、選抜の作業や手続きにも一定の社会的コストがかかっていることを忘れてはなりません。

教育と経済の結びつきは自明か

教育と経済の関係に注目が集まっていますが、過去にも経済界が教育に関心を向けたことがあります。第二次世界大戦後の高度成長で、工業化が進み、特に現場で中核となる専門技術者の不足が問題となりました。それで職業教育に重点を置く専科大学が提案されましたが、その後の紆余《うよ》曲折を経て誕生したのが高等専門学校（高専）でした。高専が正式に開校したのは一九六二年です。

同時期に、当時の文部省の下にあった中央教育審議会が、第二〇回答申「後期中等教育の拡充整備について」（一九六六年一〇月）を発表します。このとき、後期中等教育（高校教育）改革の理念を明らかにするため、「期待される人間像」が公表されました。これには教育学者を中心に、学校を経済界・産業界に従属させるものだという強い批判がありました。

答申の二番目のセクションには、「高等学校教育の改善」という項目があり、その最初には、普通教育を主とする学科および専門教育を主とする学科を通じ、学科等のあり方について教育内容・方法の両面から再検討を加え、生徒の適性・能力・進路に対応するとともに、職種の専門的分化と新しい分野の人材需要とに即応するよう改善し、教育内容の多様化を図る。

とあります。高校進学率が急上昇したから、内容の多様化・個性化をはかる、というのは、今読むと違和感はないでしょう。しかし当時は高校入試・大学入試の受験競争が激化し、高校進学希望者の普通科志向が強まっていました。それに伴い職業学科の社会的威信が低下し低学力層が集中したため、両学科の格差が固定化する、という批判が教育学者を中心に出されました。ただこの答申は、高度成長の下、中堅技術者不足に悩む、産業界の教育分野に対する要求を反映したものと解釈できます。

日本の労働市場は、新卒者をまとめて採用し、雇用後に企業内訓練、すなわちＯＪＴ（on-the-job training）を通じて従業員を教育する傾向が強く、学校には特定の知識や技能より、そうしたＯＪＴに耐えうる基礎的知識や社会的常識を学ばせればよい、という風潮がありました。

つまり、日本企業が要求する人材の特徴はジェネラリストです。雇用契約時、特定の職務に限定されることはなく、全く無秩序ということはないにせよ、比較的広い部署を異動して広く経験を積みながら昇進してゆくのが日本企業の特徴です。そうすると、適応能力が高く組織になじみやすい人が好ましい、ということになります。企業内の論理で人事異動がなされますから、あまりに専門性が強すぎると、その見方に捉われて組織内コミュニケーションに齟齬《そご》をきたし、むしろ視野が狭いといったネガティブな評価すら受けるかもしれません。

翻って現在は、少子高齢化で人手不足が叫ばれてはいるものの、高度成長期と経済情勢は大きく異なっています。グローバル化で競争も激化し、企業も経営に余裕がなくなってきています。OJTは、それなりにコストがかかります。企業としてコストをかけた人材が、途中で辞められると困ります。またグローバルな競争を勝ち抜く上で、専門的な知識は欠かせなくなっており、近年はジェネラリスト型ではなく、スペシャリスト型へ、ということが叫ばれるようになりつつあります。

人材育成のコストはこれ以上増やしたくない、そして競争に伍していける専門知識は教育機関で習得しておいてほしい、これが経済界・産業界の本音なのではないでしょうか。経済界からの教育への声が強まっている背景、あるいは学生から、職業に役立つ教育を、と求められるのも、こうした社会情勢の変化も関連しているように思われます。

機能主義と収益率

本書でここまで話を展開してきたように、大学の授業で教育の意義を説明する際、私はまず機能主義や人的資本論の話から入るのですが、概して反応は微妙です。確かに理解できないことはないが、学校で学んだ知識や技能は就職して使うとは思えないし、実際専門と全然関係のないところに就職していくではないか、というわけです。もちろん理論的な説明なので、細かいことは端折っているため、現実から見れば単純すぎると感じるのかもしれません。人的資本論を実証的に示す際には、収益率が計算されます。収益率は教育を投資と考え、その投資金額が収入増という形で回収できる、という考えに基づいています。投資に対する収益、という考えが教育に適用されただけで、特殊な考え方ではありません。

大学に行くことの収益率を考えたければ、大学に進学した場合と、しなかった場合、それぞれの生涯に得られる賃金を計算し、比較します。といっても将来のことはよくわからないので、普通は現時点の年齢ごとの賃金データを便宜的に利用します。そこから、大卒者と高卒者の定年までの生涯賃金の差が計算されます。普通は、大卒者の生涯賃金が多くなります。

ただ、大学進学にはコストがかかっています。すぐに思い浮かぶのは授業料です。コストは授業料以外に、機会費用があります。大学に進学すれば、（アルバイトは除き）通学しているので、その間は収入がありません。進学せず就職していれば、所得があったはずです。つまり進学とは、授業料を払うだけではなく、進学せず就職していれば得られた賃金をもらう機会を捨てる（賃金を放棄する）選択なのです。ですから、投資金額には機会費用も含めます。

物価は時代により変化するので、それを調整した上で、投資金額で収益を上げられたか（投資金額を、大卒生涯賃金と高卒生涯賃金の差がどれだけ上回っているか）が問題になります。換言すると、定年までの間に、投資金額を年利何パーセントで運用したときに、大卒と高卒の生涯賃金差になるかを計算したのが収益率です。日本でこれを計算すると年利六〜七パーセントくらいになりますが、仮に定期預金に預けても、今はほとんど利息が付きません。ですから高等教育進学は、リスクも少なく、かなりの確度でそれなりに大きな利益を得られる合理的な投資だ、などと説明されます。

人的資本論への疑問と実証の難しさ

ここで多くの人が関心を持っているのは、なぜ大卒と高卒の賃金差があるのかだと思います。賃金は制度的に決められていますが、収益率はその制度を所与の条件として計算しています。収益率の計算は、制度のつくられた根拠、例えばどういう知識や技能が具体的にどの程度の市場価値をもつのか、学校で習得した知識や技能が現実にどう活かされるからそれが制度に反映されているのか、という説明をしているわけではありません。だから収益率を根拠に「進学したほうが得だよ」という話をしても、進学の意義を正面から答えてもらった気にならず、モヤモヤした感覚が残るのです。

知識や技能を活かすと言いますが、元も子もないことを言えば、同じ知識や技能を習得させても、それを現場で実際に使えるか、役立てることができるかは個人次第です。せっかく習得した知識や技能を宝の持ち腐れの状態にしている人もいるでしょう。一方、前向きな人は、一見関連がなさそうな知識や技能を、思わぬところで使って社会的に活躍することも珍しくありません。

「世の中に役立つ教育を」というのは簡単ですが、やる気のない人には、どんな実践的技術や知識を付与しても使ってくれないことがあります。そういう本人の姿勢と学歴には相関がある可能性も高く（前向きな姿勢をもつ人は勉学に熱心な傾向があり、それが高学歴に結び付くと予想できるからです）、そうした個人の性格や姿勢を切り離して、教育を受けたこと自体の純粋な便益を推定する方法も考えられますが、この推定が成功するかは良質なデータが取れているかに依存します。

いずれにせよ、学校で学んだことを役立てるか否かは本人次第だというと、教育する側の責任放棄、と捉えられかねません。善良な教育者は、そういう正直なことは言わないことにしているのでしょう。

ただ学校で学んだことを活かすか否かに本人次第の部分があるとはいえ、では学んだことと職業が全く関係ないのかというと、それも極端です。就職の際、職業系高校出身者は、その職業技術を活かせるような企業に就職する傾向がありますし、大学でもよく、法学部や経済学部は就職に有利だが、文学部は不利などといわれ、実際学部間で就職先の業種に一定の傾向があります。だから採用側が、何を学んだかを全く無視しているというのは言い過ぎでしょう。

シグナリング
もちろん、文系では専門と職務があまり結びついていないように見えるのも事実ですし、相対的に専門性が重視されそうな理系技術者でも、入社したら畑違いの分野に配属されたと耳にすることも珍しくありません。むしろ日本の就職では、専門より学校名だ、とよく言われます。

いわゆるエリートと目される就職先に、特定の大学の卒業生が集中するのは、何も日本に限った話ではありません。ただ学んだ専門分野より、大学名が重視されるのはなぜなのか、ということを説明するロジックが必要となります。大学名でなくても、大学の体育会系出身者が就職に有利、という話も耳にすることがあります。

採用する側からすれば、応募数があまりに多いので、全員の情報を十分な時間をかけて検討する余裕はありません。つまり応募書類からスクリーニング（選別）する必要があります。選別の参考として、学校名とか、体育会系出身者などの「印（ラベル）」を使うのです。なぜそうするのでしょうか。

例えば難関大学進学者であれば、それなりに受験準備に努力したでしょう。また難しい試験を勝ち抜いたという事実により、与えられたノルマをこなす器用さも持っている可能性が高いと推測できます。あくまで蓋然性《がいぜんせい》なのですが、大学名をその人の持つ潜在能力のシグナルと見なすのです。特にOJTを重視する企業は人材育成コストを抑えたいので、短期に、効率的にスキルを習得できる人材が好まれます。大学名は、そうした能力の有無を判断する好材料と見なされます。

体育会系であれば、組織やグループの協調性を重んじ、忍耐強く何かをやり遂げる力があるのではないか、実際に体力もあるのではないか、というシグナルとして機能していると考えられます。要するに、教育に基づく成果を、その人の持つ能力のシグナルとして活用し、選別の材料としているのだ、という考え方です。学問的には、シグナリング理論とよばれます。

現実には人的資本論とシグナリング理論は排他的ではなく、両立し得ます。ただ純粋なシグナリング理論の下では、学習者は学校で何の知識や技術を習得していなくても（これは人的資本論の否定を示します）、学歴がその人の能力を示すシグナルという前提さえ人々が共有していれば成立します。

もっとも、シグナルは、常に当たるわけではありません。そしてある属性と特定のシグナルを結びつけて扱うのは単なる偏見で、統計的差別につながります。先ごろ問題となった医学部入試の女性への不利な扱いが典型的な例です。倫理的に問題ですし、採用する側も属性で選別することで優秀な人材を取り損ねている可能性があります。

経済のグローバル化に伴い専門性が重視されるようになると、実力のない人材は役に立たないので、表面的なシグナルに依存する選別は企業にとってリスクとなります。特に性別など、職務能力の判断に合理性のない属性に拘《こだわ》る企業は社会的評判を落とすでしょうし、何より優れた能力を持つ人はそういう企業を避けるでしょう。人材の獲得も国境を越えた競争となっており、特に少子化が進み、海外からも男女平等が遅れていると見られがちな日本は、対外的にどう見られているかをよく考えなければなりません。

国民国家と学校

ところで、教育と経済を結びつけるのは自明ではなく、むしろ両者の結びつきが強まっているように見えること自体が、世相を反映しているといえます。近代学校制度の導入時点では、学校を卒業した者をどう労働市場で活用するかとか、卒業後に児童・生徒をどういう進路に進ませるのかという発想はありませんでした。そもそも進路指導は、学校制度の存在を前提にした一定のキャリア・パターンが見えてこないと成立し得ません。

確かに学校制度は社会の中に存在し、それなりに機能しているように見えます。そして常識的には、機能主義のような形で、学校や、学校で学んだことは役に立っているのだ、と説明されます。全くの無用の長物だ、何の役にも立っていない、というのは（そう感じる人がいることは否定しませんが）社会全体からみれば言い過ぎでしょう。

内閣府のもとにある第五期科学技術基本計画（二〇一六～二〇二〇）によれば、狩猟社会（Society 1.0）、農耕社会（Society 2.0）、工業社会（Society 3.0）、情報社会（Society 4.0）に引き続いて、ICT（Information and Communication Technology: 情報通信技術）の発展で、ネットワーク化やインターネットの活用（モノのインターネットへの接続や活用を意味するInternet of Things: IoT）が進み、サイバー空間と現実空間を融合させた超スマート社会を目指すSociety 5.0なるものが、人類社会に出現するのだそうです。

この発展段階論が何の根拠に基づくのか、やや胡散臭《うさんくさ》い議論なのですが、二〇二一年三月三〇日に公表された中央教育審議会答申の「『令和の日本型学校教育』の構築を目指して――全ての子供たちの可能性を引き出す、個別最適な学びと、協働的な学びの実現」でも、Society 5.0が言及されています。

その中では、データサイエンスやAI（人工知能）の活用が普及してゆくことが予想され、その基礎となる知識、理数的素養、自分で課題を発見し自主的に学ぶ姿勢などが求められています。自主的に学ぶ姿勢が重要などという指摘は、歴史的に繰り返されてきた陳腐な決まり文句ですが、それはともかく、ここで示されているのは、社会の発展で、技術も進歩し、世の中で求められる知識や技能の水準もあがるはずだ、だから教育が重要である、というロジックです。

同じ文脈で、知識社会という言葉もよく使われます。知識社会では、ICTを用いて情報を集め、それによって既存の知識をさらに更新したり、新しい知を生み出すことが重視され、そうした学びは一生続くものとされます。となると、知識社会で生きていく基盤をつくるのが初等・中等教育で、高等教育も一度出たら終わりではなく、生涯学習機関としての役割を強めるかもしれません。

ただ、社会に役立つ知識を付与する学校とか、経済発展に資する学校というイメージは比較的新しいものです。人的資本論を理論化したゲーリー・ベッカーがノーベル経済学賞を受賞した理由の一つは、教育と経済の結びつきを経験的データに基づき理論化したことが、当時は斬新だったからです。

教育拡大の理論

もちろん、経済的ニーズと教育の発展を結びつける機能主義に懐疑的な立場もあります。例えばリチャード・フリーマンという経済学者は、労働市場の需要に比して進学率が上昇し、高学歴者が増えすぎたので、収益率が低下したとして過剰教育（overeducation）の概念を打ち出しました。

また日本研究者として有名なイギリスのロナルド・ドーア（一九二五〜二〇一八）は、近代型の教育制度を後に取り入れた国ほど、実際の社会的ニーズとは無関係に、学歴獲得の競争が激化する後発効果が発生することを指摘します。

最初に近代学校制度を導入したイギリスでは、大学による社会的威信や名声の違いはあるものの、特定大学を目指すような全国民を巻き込む受験競争は起きていません。

しかし近代教育制度を西洋から輸入し構築した日本では、社会的背景と制度が密接に絡み合っていないため、希少な高学歴の席をめぐり、激しい受験戦争が全国民を巻き込む形で起こります。激しい受験競争の弊害が大きすぎるので、競争緩和のために高学歴の定員枠を拡大します。すると一般の人々はチャンスが広がったと考え、ますます競争に参入する人が増える悪循環に陥ります。その結果、高学歴者が増えて、学歴の価値が下がる学歴インフレが起こるといいます。

日本より後に近代化が始まった元イギリスの植民地であるスリランカやケニアは、競争や学歴インフレがより深刻になります。これらの国が近代化を進める頃、西欧先進国では既に教育制度が定着しており、国家樹立（独立）後の政府の役割として教育制度を整備するのは当然のこと、という規範が世界中に行き渡っています。それで国家は急ピッチで学校をつくるのですが、産業化が進んでいないため、高学歴者の受け皿である近代産業部門は少ないままです。それでも人々は就職に有利になればいいと、こぞって進学し、受け皿に対し高学歴者が過剰となって就職口が不足します。

だから、社会の知識へのニーズが学校教育を普及させたと考える機能主義は否定され、学校制度の普及が学歴取得を自己目的化する病理を引き起こしている、というのがドーアの見立てです。

社会学者のランドール・コリンズも、社会の需要に応じて高学歴化が進んだという見方を否定します。社会には通常、異なる価値観や文化を抱えた複数の集団（階級やエスニック・グループなど）が存在し、それぞれの集団は我こそが社会を支配しようとチャンスをうかがっています。ある集団が社会で支配的な地位につくと、彼らは教育制度を自分たちの文化や価値観に馴染《なじ》みやすいものに作りかえます。つまりカリキュラムや選抜試験に、彼らが親しみやすい科目や内容を入れるのです。

ただ近代学校制度では普遍性が重んじられることは、官僚制組織論の説明で触れたとおりです。したがって建前上は中立性や客観性が装われ、支配集団の価値観が露骨に表面化することはありません。しかし学校を通した就職により学校の重要性が増すので、他の被支配集団も学校への影響力を高めようとし、支配者のつくったカリキュラムや選抜試験の欠点を挙げ、被支配集団の価値観や文化をカリキュラムや選抜試験に取り入れさせようと試みます。こうして地位集団間の葛藤（コンフリクト）が起きるとされ、コリンズの理論は葛藤理論とよばれます。

この葛藤を通して、新しい集団の価値観や文化が反映されたカリキュラムや選抜制度が採用され、その過程でそれまで不利益を被っていた被支配者も進学しやすくなります。ただ旧来の支配階級は黙っているわけではなく、優越性を確保しようと新しい学位プログラムをつくるなどして新参者との差異化を図り、高等教育の進学枠が拡大します。コリンズによれば、就学率や進学率の上昇は、社会の真のニーズではなく、こうした集団間の葛藤が原因だというのです。

教育システムの存在根拠

以上の説明はストーリーとしては面白いのですが、実証が困難という難点があります。様々なエスニック・グループが存在し、彼らの進学機会をめぐる様々な議論が存在したアメリカでは、葛藤理論に一定のリアリティがありますが、日本では葛藤関係にある地位集団を特定するのが難しそうです。

また進学率は伸びていますが、高等教育の収益率が低下したかというと、そうでもありません。日本では、大学が多すぎるという過剰教育論が世間で強く支持されていますが、実証データをみる限り、収益率は安定的に推移しており、過剰教育論が支持される状況にはありません。

シグナリング、過剰教育論、葛藤理論は機能主義を否定し、教育の内容と社会のニーズとの乖離《かいり》を指摘します。確かに、学校で習う古典とか、高度な数学とか、社会に出て使わないじゃないか、何の役にも立たない、と揶揄《やゆ》する声はあとを絶ちません。ただ役立っていることを本人が自覚していない可能性もあるので、個人の感想は教育が無用と言える根拠になりません。

学校がそんなに意味のないものであれば、皆、行かずに無視をすれば済む話です。しかし現実にはそうなっていません。むしろ高学歴化が進み、人々の人生でも学校で過ごす期間が長くなっているのです。そうした矛盾をどう考えればいいのでしょうか。次の章で、社会に学校がなぜここまで根づいたのか、少し違った観点から考えてみましょう。

第五章　社会と学校は影響しあう

学校制度を支える神話

前の章で検討した学校と社会の関係は、社会のニーズに学校がこたえるという「社会→学校」の発想に基づいています。機能主義はその典型です。しかし学校と社会の関係は、そうした一方向だけのものなのでしょうか。本章では、発想を逆転して考えてみましょう。

ここで取り上げる人物は、ジョン・マイヤーです。マイヤーはニューヨークのコロンビア大学で博士号を取り、その後カリフォルニア州のスタンフォード大学で長く社会学を教えてきました。数多くの弟子を育て、スタンフォード学派とよばれる社会学的新制度論を定着させたことで有名です。

学校制度や学校組織は合理性、普遍性、そして誰でも参入できる平等性や業績主義を重んじて制度設計されています。第三章では、教育を合理的に行う名目で、学校設置基準や教える内容、教員資格など、様々な形式的ルールが張り巡らされ、それを厳格に守るタイトな統制があるからこそ、学校は社会的な信頼を得る、と述べました。

ただ、タイトな統制にかかわるルールは、教育を合理的に行うためとされますが、そのルールを守れば最も大きな効果を生むなどと、誰かが科学的に証明したわけではありません。

しかしこうしたルールは、形式は整っていて客観的に見え、しかも明瞭な形ですべての学校に適用されています。学校は、形式的なルールの塊です。その形式が学校のあるべき姿として、多くの人の間で共有されています。マイヤーはこうした学校の姿を、誰も教育的に最良の効果をもたらす仕組みだと証明したわけでもないのに、多くの人が当然のものと見なしているので、神話というアナロジーを用いて説明します。

学校における儀礼的行為

目に見える様々な規則は、明文化されているので守らないと目立ちます。裏を返すと、その規則を形式的に守っていれば、細かいことはあまり突っ込まれません。

仮に高校の授業についていくのが難しい生徒でも、高校で教えるべき内容に一切触れずに、中学校の復習で授業を終えたら、高校の教育課程は未履修となります。高校の教育課程を履修したと見なすには、少なくとも、高校の教育課程に関連する事項に触れる必要はあります。

実質的な効果を考えれば、下手に理解が難しい高校の内容に触れず、中学校の復習に専念したほうがいいかもしれません。しかしそれでは高校の教育課程を履修したと見なせないのです。だから生徒の出来はともかく、高校教員は儀礼的に、高校の教育課程の内容に触れるはずです。

ここで儀礼、という言葉を使ったことに意味があります。儀礼というと、通過儀礼という言葉や、入学式や卒業式に代表されるセレモニーを思い浮かべる人が多いでしょうが、ここでは守るべき形式は守っているポーズをとる、というニュアンスで儀礼という言葉を使っています。

実際学校は様々なセレモニーも用意されていて、文字通り儀礼で溢《あふ》れています。こうした儀礼は知識や技術の向上には、多分何の関係もありません。セレモニーに限らず、日々の授業開始前後の挨拶、校則の遵守、制服の着用も一種の儀礼です。学校の儀礼は、教育の実質的効果があるかどうかは極めて怪しいですが、実質的効果とは別の意味を持っていると解釈できます。

学校の儀礼は、形式を遵守することを意味します。タイトな統制がその例です。儀礼的行為を繰り返すことで、学校のイメージが社会に定着し、学校としての体面が保たれ、社会からも認知されます。

こうなると学校は、世俗社会における（新手《あらて》の）宗教のようなものです。宗教には、決まった形式の祈り、作法や行為、つまり儀礼が細かく定められています。信者以外には意味不明な行為ですが、信者であっても、場合によっては儀礼的行為の由来を理解できない場合もあります。しかしその作法を忠実に実行することが信仰心を高め、自分も敬虔《けいけん》な信者であるという思いを強固にさせ、またそれをみた周囲の人間もその宗教を信仰しているのだと認識します。

学校は、教育的意味があると信じられている様々な規則で構成され、そのルールに従うことが教育的だと見なされます。私たちは、何らかのニーズや要求に応じて制度がつくられると思いがちです。しかしマイヤーによれば、制度が自らの存在を正当化する（学校には教育的意味があるという）神話をつくり、その神話を信じた人々がルールに儀礼的に従う、この人々の儀礼的行為の連鎖が強固な制度として社会に根づき、私たちはその制度の制約の下で生きているというのです。

大衆教育の役割

多くの人が合理化された教育として信頼を置いた学校は、国家のもとで整備され、国民形成に大きな役割を果たします。学校では、読み書き計算とか、社会、科学、あるいは道徳を含め、身につけるのが当然と見なされた知識体系が教えられます。

マイヤーは機能主義を批判しているものの、学校で習った知識が現実社会に役立たないとは言っていません。というか、役立つ場面は起こりうると述べています。ただ、彼の関心は役立つか否かを証明することにはなく、それを真面目に検証しようとすると、前章で述べたように「役立てるかは本人次第」という結論となり藪蛇《やぶへび》になりかねません。それより、学校で習う知識は社会で必要だから学んでおくべきだという神話があり、それを多くの人が信じているから学校は拡大するというわけです。

この神話は多くの人が信じていますから、多くの人々の行為、ひいては社会に影響を及ぼします。大衆教育、具体的には義務教育のことですが、義務教育では国民としての基本、社会で生活する基本を学ぶことになっているので、社会活動に参加する条件が義務教育の修了となります。逆に言えば、義務教育を終えなければ、社会を構成する「社会人」となれないことを意味します。

こうして大衆に遍《あまね》く普及した教育が、社会のメンバーたる国民をつくりあげ、包摂します。

学校教育は、任意団体がやっている教育プログラムではないので、嫌だから抜ける、という選択は許されません。予《あらかじ》め特定の人を排除してしまうと、国が支える教育制度の正当性が揺らぎます。全員に必ず受ける権利を保障すること、これにより学校教育制度が国家の礎となる根拠ができあがります。

教育の選別・差異化機能

学校と社会の関係を考える際、教育がもたらす平等化機能はよく言及されます。しかし平等化機能だけでは、教育がもたらす重要な機能の半分以上を見失っていることになります。

義務教育を中心とする大衆教育は、皆が平等に受けますが、中等、高等教育は行きたい人だけが行く教育機関です。行く、行かないという差異が生じる以上、平等ということはありえません。

一部の人しか行けない教育機関で行われるのは、エリート教育です。エリート教育を受けられるのは、大衆教育段階で良い成績をとった者です。これは、全員が平等に受けられる大衆教育機関には、成績をもとにした選別の機能があったことを意味します。

全国統一カリキュラムが存在していれば、児童・生徒の間で成績差が生じるのは必然です。

しかも統一されているだけに、成績の意味するところは誰が見ても一目瞭然です。教育内容は客観性と科学性を謳《うた》っているので、成績差は科学的で根拠あるものと見なされ、より高い水準の教育に進む資格の有無を正当化します。かくして学校は有能な者や適性のある者を見出し、彼らの能力を伸ばしてくれるという神話が浸透し、人々は学校の成績や学歴を、職業や地位の配分に利用するようになります。

もちろん、教育内容が社会的に要求される知識を反映しているとか、その成績差が社会人として有能か否かの判断材料にできるとは誰も証明していません。労働市場も、卒業者を「学校で学んだから知識が増えた」といって全員気前よく受け入れるわけではありません。

しかし一旦学歴を利用する社会ができあがれば、それを選別に利用する動きが社会に定着します。すると学歴や成績はますます利用価値を高め、人物評価の際には一層それに依存するようになります。人々もそれがわかっているので、高い学歴を得ようとします。このように、選別や地位配分の機能があるからこそ、学校教育は社会で力を持つようになったのです。

制度の同型化と拡大

こうして、学校は社会に強固な地盤を築き、さらに世界に広まっていきます。

教育方法は多様であってよいはずで、歴史や文化が異なれば学校の態様も世界中バラバラであってもおかしくありません。しかし細かい制度上の違いはあれ、学校制度がどういうものなのかというイメージは、世界中どこに行っても共通しています。

マイヤーらが機能主義を批判するのは、社会的ニーズ、特に経済的ニーズに対応して教育が普及したといわれるのに、現実は両者にズレがあるからです。つまり機能主義者は、経済発展で産業が発達し、教育を受けた人材のニーズが高まるというのに、国の経済力（例えばGDP）と、就学率や進学率の変化に、統計上の関連はほとんどないのです。

エヴァン・ショーファーという社会学者によれば、当初、就学者数の伸びは遅々たるもので、初等教育ですら、ほぼ第二次世界大戦あたりまで、さほど増えませんでした。事態が大きく変わるのは、第二次世界大戦後です。初等教育のみならず、中等教育、高等教育の就学者数は急激に伸び、指数関数的な増加を示します。これは経済発展の効果というより、第二次世界大戦後に多くの植民地が独立国家となり、近代国家として整備を進める中で教育制度をつくりあげたことを意味します。

今やOECDや世界銀行、UNESCOといった国際機関が、教育の国際統計を公表しています。そこでは就学率や進学率が、識字率や国際比較テストの点などと並んで、世界中に公表されます。

学校制度を整備し就学機会を高めるのは、近代国家の当然の役割だと世界中が認識しています。もし就学率や進学率の数値データが芳しくなければ、その国は教育制度すらまともに整えられない不平等で非民主的な国家、下手をすると国家の体をなしていないとすら言われかねません。国のイメージ低下を避ける意味でも、学校制度の構築は急務なのです。

今、世界的には西洋型の自由を重視する民主主義の価値観と、中国などを中心とする専制主義との間で激しい価値観の対立があります。しかし国民が教育を受ける権利をもつこと自体は、世界的に認められた価値観といえます。それで政府は、ますます教育制度の確立と普及に努めるようになり、また教育を通じて国民を育成することに躍起になるのです。

学校化社会

こうして学校教育は、国家に都合の良い臣民を育てるようになったとみることもできますが、社会現象の読み取りとしては単純過ぎます。「学校は特定のイデオロギーを伝達する装置である」という見方は昔からよくあり、当てはまる面はあります。ただこの見方自体が特定のイデオロギーに立脚しており、別の教育方法を導入すれば、違う立場から同じ批判がなされるはずです。

今の学校制度が特定の集団の利害を反映しているだけだという批判は、学校のあり方(中身)を問うているのであって、学校制度の存在そのものを問題にしているわけではありません。マイヤーらの着眼点は、個々のイデオロギーの内容にはありません。現行の学校制度を批判する者も、学校の存在自体が社会的に重要でよいものだという前提は共有している、これこそが学校神話の「神話」たる所以《ゆえん》なのです。

加えて、教育社会学者であるデビッド・ベイカーによれば、むしろ社会は拡大した教育制度を通じて構築されるようになっているとも言えます。つまり社会が学校の影響を受ける学校化社会だというのです。

例えば、MBAとよばれる実務家向けの経営学修士の学位とそのコースがあります。俗に、ビジネス・スクールとよばれるものです。今は日本を含め、多くの国に設置されていますが、その最先端を行くのはアメリカです。

一九世紀末に、ペンシルヴァニア大学に設置されたウォートン・スクールが、アメリカにおけるビジネス・スクールの起源だと言われています。そもそも経営に関する実務的な知識は、大学で教えるようなものではなく、俗っぽいものとして軽く扱われ、仮に学校で教えるにしても中等教育段階まで、というのが一般的でした。

しかし二〇世紀に入り、科学的管理法をはじめ、組織研究、行動科学、ミクロ経済学などの知識体系が確立し、それらの知見を取り込んだ経営学という分野が一つの領域として成立し、学問体系の中に位置づけられます。一つの分野ができると、それを継承し、発展させ、教える場は大学となります。すると、もともと実務的な分野なのに、皮肉にも実務経験のない専門家が大学で量産されます。

ビジネス・スクールの急拡大は、一九七〇年代頃から起こります。この時期は、特に大企業化、多国籍化、多業種化が進みます。それにつれて急速に企業組織も複雑になります。確かにそうした動きに対応できる高度な人材が必要になった事情はあるかもしれません。ただ、そうした社会のニーズに対応して、教育界が反応した、という解釈は一面的です。

ベイカーは、教育による資格付与を、取得しにいくものと、後づけで認めるものという二つに分類します。前者は常識的なもので、事前に資格の合格基準が決まっていて、それに向けて勉強し、試験に合格して職を得る、というものです。後者は既に何らかの職務経験を積んだ人に対し、その技術や知識を後から優れていると評価するものです。ベイカーによれば、MBAはもともと後者でした。

アメリカにおけるMBAプログラムは、職務経験は豊富だが、高学歴化が進む中で部下ほど学歴が高くない経営者に対し、箔《はく》づけの学位（修士号）を与えたものだったのです。ただ、何もしないで学位を渡すわけにはいかないので、働きながら学べる短期のプログラムをつくり、それを修了した者に学位を提供したのがMBAの始まりです。つまり形式的に教育を受け学んだ事実をつくり、プログラムを終えたところで事後的に経営能力を承認した、というものです。

一旦これが流通すると、経営者を中心に、MBAは自分の仕事遂行能力を証明するものと解釈されます。学位や学歴がブランドめいた機能をもつのは、日本に限りません。もちろん実際に教育プログラムを受けているので、履修した実質的意味が全くないわけでもないでしょう。一方で、この学位を持つことで箔がつく効果があったのは否定できません。

そうすると、同じようにMBAによって箔をつけようとする人が増えてきます。さらに企業も、自分の会社経営は有名大のMBAをとった人物が担っている、と宣伝できます。最先端の経営をやっていることを、対外的にアピールできるのです。こうしてMBAの需要が生み出されます。今やアメリカの大学で、ビジネス・スクールは多額の寄付を集めるなど、経営的に欠かせない組織です。

つまり教育の世界でつくられたものが社会に影響を及ぼし、社会に教育の需要をつくり出すという、機能主義とは逆のベクトルも考えなければなりません。こういった学位プログラムに限らず、研修、資格、学校のカリキュラムなどは、真の社会的ニーズを厳密に考えてつくられたというより、「研修にはこういう科目を入れるべきだ」とか、「資格付与にはこれくらいは必要だ」とか、「学校のカリキュラムは大体こういう構成でできている」という先行例やイメージがあって、単にそれらを踏まえて中身を構成し体裁を整えたに過ぎません。そうした先行例を踏まえないものは、社会的に信頼できないもの、紛《まが》い物として無視されるのです。制度の力は、それくらい大きな影響をもっているのです。

機能主義・過剰教育論・マイヤーらの新制度論の関係

ここでこれまで触れた学説を、わかりやすく整理しましょう。何で学校に行った方がいいのか、と聞かれたとき、機能主義者は知識や技能が身につき、それが評価されて、就職機会や高い賃金に結び付くからと答えます。しかしマイヤーの新制度論では、高学歴の人は生産性が高いという神話があって、その神話をもとに、学歴が高い人ほど給与が上がる制度が作られているから、と答えます。

もし「進学した方が得なのか」と質問されれば、どちらも「Yes」ですが、理由が違います。機能主義者は学校知が役立つと考えていますが、新制度論者は、学校知が役立つかどうかの判断はしておらず、世の中は進学した方がよい仕組みになっているのだから進学するのが合理的だと考えるのです。

一方、過剰教育論者は仕事と教育内容に関連がないとして、進学を無意味だと説くでしょう。過剰教育論も新制度論も、教育と経済のズレを指摘します。ただ過剰教育論は、ズレの存在を根拠に学校教育を否定します。一方、新制度論は神話に基づく（あるいは神話をつくりあげる）制度が社会に根付いている以上、人々の選択行為はその制度の影響を免れない、だから学校化社会は避けられず、「学校に行ったってしょうがない」という結論を安易に導くことはありません。

人々の感じる教育の有用感

以上からわかるように、教育制度は社会に影響を与えている点で社会と関係はもつものの、社会的要請を踏まえて制度ができているわけではないので、制度とニーズにギャップがあっても不思議ではありません。

図9をご覧ください。二〇一三年に私の加わった研究グループが、日本全国の当時の三〇歳から六四歳を無作為に抽出し実施した質問紙調査の中から、回答者の最後に通った（つまり最終学歴の）学校について、「専門的な知識が身についた」、「幅広いものの見方や考え方ができるようになった」、「気軽に相談できる友人や先輩を得た」、「仕事をしていくうえで、学校で学んだことが役に立った」という四つについて、当てはまるか否かを尋ねた回答の分布を示しています。

全体から言えるのは、学歴が高いほど、学校に対する否定的な見方が減っていくということです。特に「幅広いものの見方や考え方ができるようになった」は学歴との関係が強く、大卒では半分以上が肯定的反応を示しています。

またこれも学校の機能を考える上で重要な点だと思いますが、学校では知識や技能を習得するだけではなく、そこで築かれる人間関係も意味をもちます。知識・技能に直接関連しないと思われる「気軽に相談できる友人や先輩を得た」という項目も、学歴が高いほど肯定的に回答する傾向が明瞭です。

最終学歴が高等教育機関以上の場合は特に、学校経験をネガティブに捉える人は少数派です。もっとも、これは現実に学校が本人によい効果を与えるという「学校から回答者」への

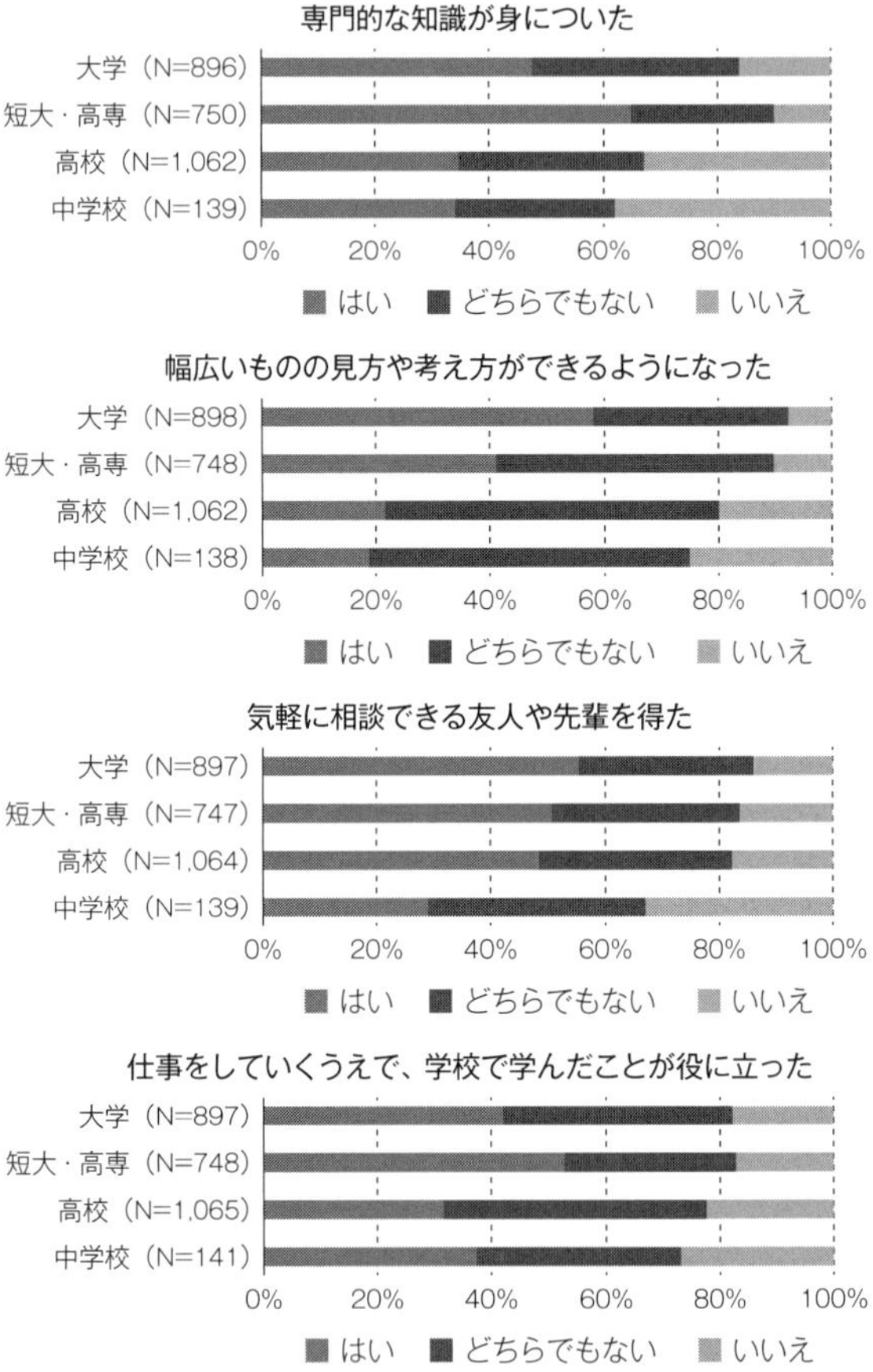

図９　最後に通った学校に関する認識

出典：『教育・社会階層・社会移動全国調査（ESSM）』2013年

影響だけではなく、逆にあらゆる活動に前向きな人ほど進学する傾向があるという「回答者から学校」への影響を示している可能性もあります。どちらにせよ、このデータから、学校と回答者、そして回答者を取り巻く社会には何の関連もない、という結論は導けません。

教育機会の不平等がなぜ問題なのか

以上から、理念的には、教育の機会は誰にでも開かれており、上級学校への進学は、学校でつけられた成績を基準として決めるのが合理的ということになります。しかし上級学校への進学が成績以外の要因、特に性や出身で決まるとすれば、理念と異なることになり、学校制度の合理性を毀損することになります。性、階層、人種や民族などの属性で差別しないのは、近代学校制度の原則だからです。

学校化社会の進んだ現在、学校制度抜きに人材配置を行うことなど考えられません。どんな職業に就くかは、人生設計を左右する大問題です。ところが、機会の平等を標榜《ひょうぼう》する近代学校において、進学機会に不平等が存在することがわかれば、就ける職業機会や所得、ひいては人生そのものが生まれで決まってしまう前近代の仕組みが、学校成立後も連綿と続いてきたという不都合な事態を示します。

一方で皮肉なことですが、機会の平等化が進んだと人々が感じていると、教育によって生じた学歴や成績の差は、学校が選別を合理的に行った結果と解釈され、成績や最終学歴は当人が結果責任を負うべきと見なされます。仮に性、階層、民族による不平等が存在していても、社会の多数が教育機会は平等だと考えていれば、属性による不平等を認識し、社会問題化するのは難しくなります。

高等教育進学と出身階層

教育と不平等は、社会学の実証研究の古典的テーマで、優れた研究成果は無数にあります。本書では、私たちの研究グループの行った調査のデータを使います。二〇一二年に、日本全国の当時の高校二年生と母親のペアを抽出して行った質問紙調査です。五年後に母親に追跡調査を実施しており、高校卒業後にどういう進路に進んだかも把握できる調査設計になっています。

今の日本では、中学校までは義務教育で、就学率は一〇〇パーセントです。高校段階（高専や中等教育学校における後期課程進学も含む）については、文部科学省の『学校基本調査』によると、二〇二〇年現在九八・八パーセントと、限りなく一〇〇パーセントに近づいています。したがって、現在問題になるのは、高校卒業後の進路です。

社会学で階層というとき、使われる指標の主なものは、親の学歴、親の職業（父親で代表することが多い）、そして世帯収入です。これ以外に資産とか、耐久消費財や奢侈《しゃし》品の有無とか、文化的な活動の頻度や、家にある本の冊数などが使われることもあります。結論を先取りすれば、出身階層と回答者の学歴（教育達成）の間には関連があり、その関連性はどの時代でも安定して観察されます。本書では、特に親の学歴と世帯収入に着目してみます。

図10と11が、親の学歴と出身家庭の二〇一二年（対象者が高校二年生当時）の世帯収入と、高卒後の進路選択の関係を示しています。いずれも統計的には有意な関係にあります。統計的に有意とは、本人の進路選択の分布は親の学歴と世帯収入によって分布が異なるように見えますが、この分布の違いは偶然の差（誤差）とは見なせない、ということです。

両親が高等教育を受けていると、実にその子の八割は大学に進学します。文部科学省の『学校基本調査』統計に基づけば、このコーホート（同一年齢集団）における過年度卒（浪人）も含めた大学進学率は、ほぼ五〇パーセントです。この調査のサンプルは、全体的にやや高学歴、高成績層への偏りがあるのですが、それにしても親学歴による分布の違いは顕著に出ています。

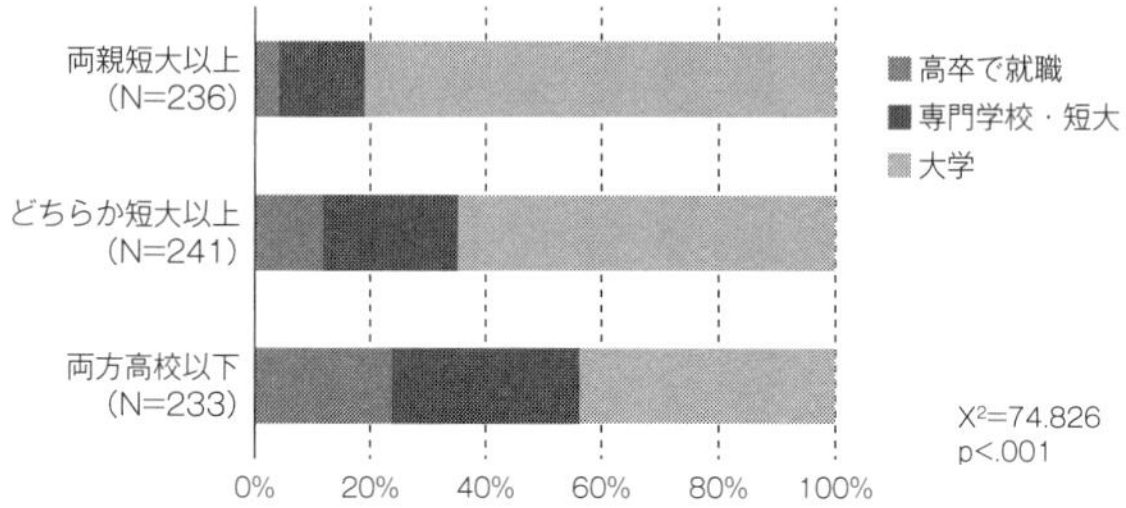

図 10　親学歴と高卒後の進路の関係

出典：『高校生と母親調査』（2012）

注：X^2 はカイ二乗値、p はカイ二乗検定を行った有意確率を示す。図 11、12、13、14 も同様。

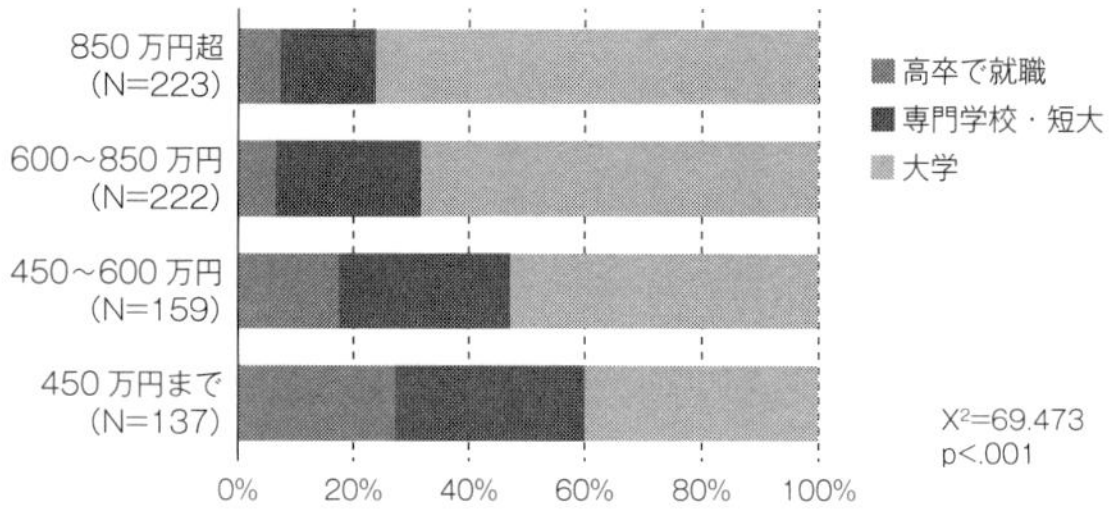

図 11　世帯所得と高卒後の進路の関係

出典：『高校生と母親調査』（2012）

また、進学にはお金がかかります。特に日本では、高等教育段階でかかる授業料などの費用負担が非常に重く、社会問題化しています。実際、図11で示しているように、世帯収入別でも進路選択の違いは明らかです。やはり経済的に裕福である家庭の子ほど、大学に進学する傾向があることがわかります。

高校ランクと進路選択

ところで、日本で高等教育に進学するか否かで決定的に重要なのが、どの高校に行くかです。日本の中学生のほぼ九割が、高校入試を経験します。残りの一割は、非進学者もわずかにいますが、多くは中等教育学校や、私立の中高一貫校の在学者です。つまりほとんどの中学生が、高校入試を通して初めて進路振り分けの洗礼を受けることになります。

高校には、中学校の成績や入試の成績に基づくランキングが形成されています。このランキングと、高校卒業後に大学進学できるか否か、どの大学に進学するかに大きな違いがあることは、誰もが知っている事実です。ですから、大学進学を意識するのであれば、よりランクの高い高校に進学しようと考えるのは当然です。

このような高校ランクと進路選択の関係も、日本の教育社会学ではしばしば調査、分析されてきた古典的テーマです。日本の高校は、特別な職業教育をカリキュラムに含めない普通科と、農業・工業・商業などの具体的な職業教育をカリキュラムに含める専門学科（職業学科）に大別できます。二〇二〇年現在で、高校生の普通科在籍生は約七三パーセント、職業系の専門学科は約一八パーセントです。残り数パーセントは、この二つに含めることの難しい学科（芸術や体育など）や、普通教育と職業教育の両方を配置する総合学科です。どの学科を出ても、卒業すれば高等教育機関に進学する資格が得られます。

ちなみに、教育行政学者の青木栄一氏によれば、文部科学省は、機会均等の点から義務教育の小学校と中学校を、また学術研究の中心としての国立大学を抱えていた理由から高等教育を政策的に重視していました。しかしその間にある高校の統括は、主たる設置主体の都道府県に任せる傾向がありました。したがって高校入試制度や、公立・私立の分布、普通科と専門学科の配分は、都道府県による違いがかなりあります。その点で日本の高校教育政策は、必ずしも画一的ではありません。

図10で親学歴と高卒後の進路選択の関係をお見せしましたが、その間の通過点である高校入試も、階層の影響は免れません。図12は、親学歴と進学先の高校の関係です。

この調査では、対象者の在学している高校名も尋ねています。高校名から高校入試の偏差

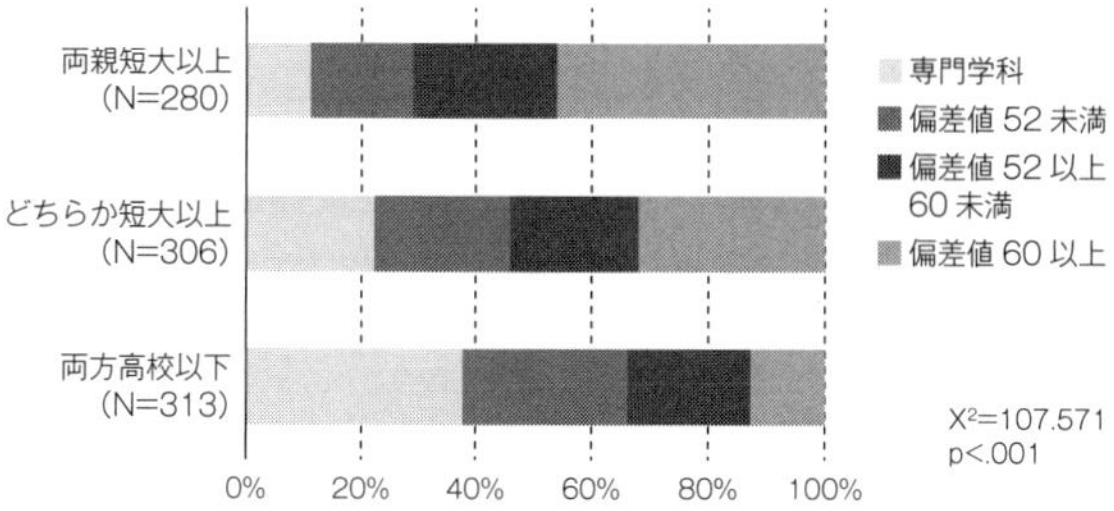

図 12　親学歴と進学先の高校の関係
出典：『高校生と母親調査』（2012）より

値もわかるので、普通科と総合学科については偏差値ごとに三段階に分類しています。これを見れば、明らかに親学歴と進学先の高校の学科や、高校ランクは関連があります。統計的にも有意な関係です。ここでは親の学歴との関係をお見せしましたが、世帯収入など別の階層変数をもってきても、同じように関連がみられます。

図13は高校ランクによって、進学先に違いがあることを示しています。偏差値六〇を超える高校だと、就職者はほとんどなく、進学者も九割以上が四年制大学です。高校の分類が、高校入試難易度、つまり偏差値ですし、大学進学も成績が重視されるので、この結果は意外ではないでしょう。

トラッキング

もし大学入試を教育選択における最終的な目標に位置づ

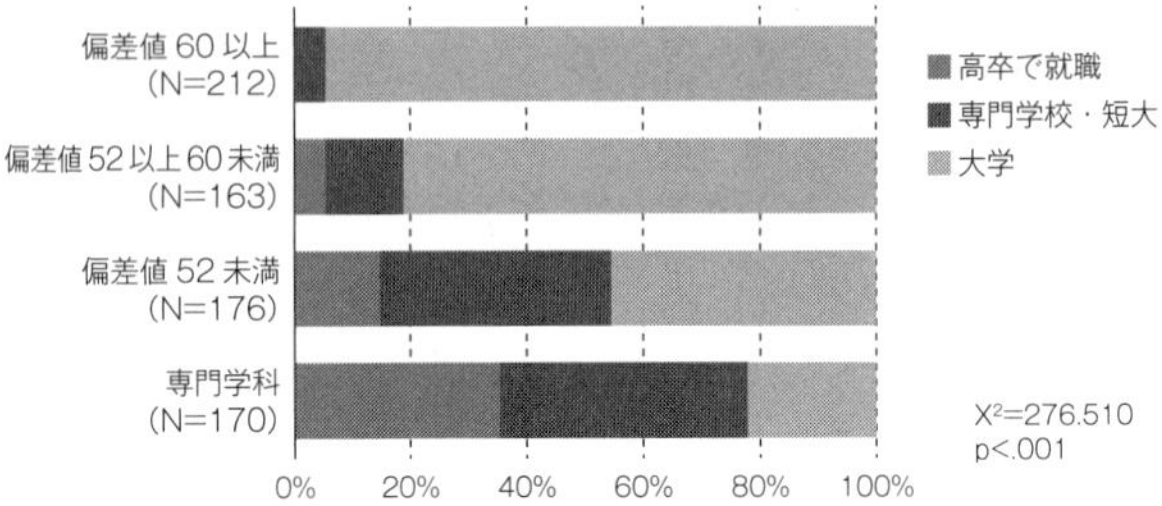

図 13　出身高校と高卒後の進路の関係

出典：『高校生と母親調査』（2012）

けるとすれば、長い目で大学入試に向けて準備をすればいいわけですが、実際にはその前の選抜である高校入試、そして都市部では中高一貫校への中学入試の競争が激しく行われています。なぜそうなるのか、といえば、図13のように、進学先の高校により進路が異なることが一般にはよく知られており（図13は学校段階別の集計ですが、学校段階ではなくて、具体的な大学名にしても同じことです）、進学実績の良い高校に行けば、大学進学に有利だと考えるからでしょう。

　つまり高校ごとに進学先に違いがあり、先輩の進路は後輩にとってのモデルです。先輩が進学していれば、自分も行けるとイメージしやすいわけです。先達の歩んだ道を自分にふさわしいと考え、それに沿うような自己イメージを膨らませて、実現するように努力します。これは予期的社会化とよばれる現象です。

特に進学実績のある高校に進学すると、進学に向けての意欲（アスピレーションといいます）がかき立てられ、学習時間の増加や真面目な学習態度に結び付き、結果として上位ランクの大学に受かる可能性が高まるわけです（もちろんこのストーリーにあてはまらない生徒もいますが、あくまで大勢の話をしています）。

日本の高校は、一旦入学するとほとんどはその高校を卒業し、転校するのは稀《まれ》です。つまり入った高校の雰囲気に強く影響を受けるでしょう。例えば、共通の模擬試験で同等の成績なのに、偏差値の高い高校の生徒は、より難易度の高い大学にチャレンジする傾向があるのは思い当たるのではないでしょうか。これは高校の組織文化が進路選択に影響を及ぼす一例です。

教育社会学ではこうした現象をトラッキングとよんで説明してきました。トラッキングのトラックとは、陸上競技のトラックと同じ意味で、走るコース、つまり進路選択の水路付けを意味します。

日本の高校では、職業系の専門学科に行っても大学に行けます。しかし入試偏差値が同じ程度の普通科と比較すると、進学者は専門学科の方が少なくなります。名称が「農業科」とか「工業科」などのように、職業をイメージさせますし、カリキュラムも職業教育的な要素が含まれているので、当たり前だと思うかもしれません。しかし制度的に専門学科卒業者の進学が制限されているわけではないのに、こうした差が生じるのはトラッキングの影響だと解釈されます。

トラッキングはもともと、アメリカの社会学者ジェームズ・ローゼンバウムが、高校内の習熟度別学級編成にみられる現象から使われた概念です。アメリカの公立高校に入試はなく、基本的に居住地域の高校に通いますが、そうなると高校内の生徒の学力差や進路希望の違いは大きくなります。それで科目ごとに、進路希望や成績に基づく複数のクラスが設けられ、それを自分で選択するのです。こうしたほうが、クラス内の生徒の均質性が高くなり、教員側は教えやすいですし、生徒も自分のレベルにあった授業を受けられるメリットがあると考えられてきました。

しかしローゼンバウムは、科目ごとに自由にクラスを選択でき、また学年が進めばクラスを自由に変更できるにもかかわらず、異なる教科間でも同じ水準のクラスを選択する傾向がある上、成績上位のクラスについていけなくなって下位のクラスを選ぶようになると（その後の成績の伸びにかかわらず）下位のクラスを選び続け、上位に復活することは稀であることを見出しました。

つまりトラッキングの存在が、特に成績下位のクラスの生徒のアスピレーションを低下させ、一旦下げられたアスピレーションの下では勉学意欲もわかないため、結果的に成績も下がってしまう、という悪循環に陥るというのです。要するに、トラッキングの存在は、生徒の成績を伸ばすのに効率的なシステムではなく、むしろ生徒間の格差を固定化するものだと問題提起したのです。

日本はアメリカとやや異なる教育制度を採用していますので、アメリカの話をそのまま適用できません。ただ習熟度別学級編成に近いのが、高校入試偏差値に基づくランクです。トラッキングの指し示す内容は、国の制度によって異なりますが、学校組織の構造がアスピレーションや進路志向に影響すると述べているのはどこも同じです。トラッキングの影響の国による違いを実証的に研究した日本語で読める優れた学術書として、社会学者の多喜弘文氏の実証研究があります。

強い階層の影響

ただ、進路選択はこの高校ランクの影響が突出して大きいのでしょうか。私たちはそう信じて、どの高校に入れるかを真剣に悩み、高校入試に向けて塾通いをしたりします。しかし

図12で示したように、どの高校に進学するか自体に、階層による影響があったはずです。そこで、図10で示した、親学歴と高卒後の進路の関係に、高校ランクという要素を絡めて考えてみましょう。

普通科の偏差値の高い高校は、ほとんど全員が進学するため、進路選択に多様性が乏しく、統計的な分析ができません。そこでここでは、高卒後の進路選択に多様性のある、専門学科の生徒を対象に考えてみます。その結果が図14です。

これを見ると、同じ専門学科に所属していても（統計学的な言い方をすると、在学している高校ランク・学科の条件を統制していても）、親学歴の影響は残っています。進路選択における階層の影響力の強さが、ここに現れています。

ちなみに、この調査において、高校卒業後一年めに進学準備（いわゆる浪人）だった人は、五〇人いました。八割が男性、そして高校ランクをみると四分の三が偏差値六〇以上の高校です。実は現役の大学進学率という点では、偏差値六〇以上の高校と、五二以上〜六〇未満の高校では、数パーセント・ポイント前者が高いだけで、ほぼ七〇パーセント台とほとんど差がありません。つまり図13の最終学歴の高校ランクの差は、浪人でほぼ説明できてしまいます。

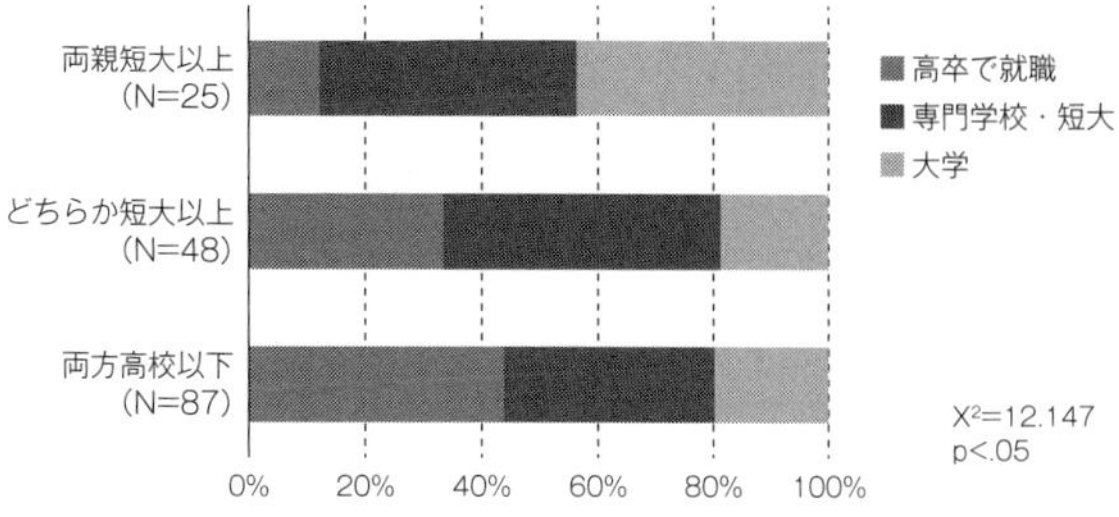

図14　親学歴と高卒後の進路の関係　専門学科の高校生に限定

出典：『高校生と母親調査』(2012)

浪人は、もちろん受験の失敗で起こるものですが、なぜ失敗したかといえば、合格基準に点数が足らなかったからです。ただその失敗は、本人の成績だけではなく、志望校選択の問題でもあります。大学入試も入試難易度による違いがありますが、自分の成績に比して、どの大学を受験するかが成功の鍵を握るわけです。また浪人にはコストがかかるので、追加のコストを支払ってでも進学する、という強い心理が働きます。浪人は、単なる学力不足というより、特定の人気のある大学（難易度の高い大学）を志望していて、その志望校の合格ラインに達していたか否かが問題になるのです。

おそらく直感的にそうだろうと感じていた人は多いと思いますが、偏差値の高い高校に所属していれば、偏差値の高い大学を受ける可能性が大きくなります。偏差値の高い大学は難易度も高いので、失敗する可能性も上がります。

だから受験の失敗は、偏差値の高い高校に多くなります。さらに偏差値六〇以上の高校に限定すると、両親とも高等教育（短大以上）は五割ですが、浪人については両親とも高等教育の人は六割と、一〇パーセント・ポイントほど親学歴が高い人が多くなっています。高校ランクが同じでも、浪人の可否には依然階層の影響がありそうです。つまり最終学歴は大学という点で同じになりますが、より上のランクの大学という浪人覚悟の強気の選択ができるか否かに階層差が出てくる可能性があります。

シャドウ・エデュケーション

ところで今から数十年前、受験戦争という言葉がマスメディアを賑《にぎ》わせていた頃、よく取り上げられていたのは塾の存在です。塾は受験競争を煽《あお》る存在として、否定的にみられていたのです。

例えば一九七七年三月一二日の『朝日新聞』では、一面トップで「乱塾ぶり、全国に及ぶ」という見出しの下、当時の文部省が小中学生の通塾に関する調査を行い、五人に一人（都市部では半分）が塾に通っていること、また今では考えられませんが、塾講師の一七パーセントが現職教員だということが報じられています。

同年九月六日の『朝日新聞』では、名古屋に拠点を置く予備校、河合塾が取り上げられています。いわゆる共通一次試験が国立大学に導入される直前ですが、河合塾はこの共通一次を睨《にら》んだ全国模試をいち早く実施しました。コンピューターの導入で受験に関するデータを蓄積、分析し、的確な進路指導（受験校選択）を行うので、高校がこうした予備校に依存するようになりつつあった一方、河合塾側が受験を見据えた高校のカリキュラムを提案したところ、高校側（正確にいえば教員組合）が越権行為だと激しく反発した、という記事です。

今は予備校に限らず、民間の教育産業が現場にどんどん浸透し、高校も予備校のデータを積極的に使って進路指導をしているので、「高校」対「予備校」の図式で語られる記事が時代を感じさせます。ただ、公教育が制度の中心で、塾や予備校は周縁の存在である、という本質は今も変わりません。

このような受験競争と塾というのは、日本のみならず、韓国や中国の都市部など東アジアの伝統として、儒教文化と結びつけて語られることがあります。ただ、塾や予備校が公教育制度の枠外で行われる「学校外教育」だとすると、「学校外教育」は東アジアに限られた現象ではなく、世界的に広く行われている、というのが教育社会学での常識です。そしてこれらの「学校外教育」は公式の存在ではないので、隠喩的に「影の教育（シャドウ・エデュケーション）」とよばれます。

国際比較調査を行ったとき、特に理数系教科に関して、東アジア諸国の点数が上位に来ることが多く、それを塾の効果と考える人もいるかもしれません。ただ専門的な立場からみると、必ずしも支持できません。まず、シャドウ・エデュケーションは東アジア特有の現象ではないので説明がつかない、というのが第一の理由です。

また、日本をはじめ、国際比較で高得点をあげる国の特徴は、単に平均点が高いだけではなく、全体の得点のばらつき（分散）が小さく、極端に成績が悪い生徒が非常に少ない点にあります。塾に行くか行かないかは、本人（家庭）の意思で決められます。日本の塾は、ほとんどが進学塾で、補習的性格をもつものはマジョリティではないでしょう。要するに塾のターゲットは、進学志向の強いもともと成績の良い層であり、成績の悪い人が少ないことの説明になりません。

図15と図16は、二〇一五年に全国の中学三年生と母親を対象に行った調査で、学校外教育の種類別に、その参加率を、親学歴、世帯収入別に整理したものです。日本の学校外教育は、圧倒的に塾が占めており、他の種類の学校外教育はそもそもシェアが少ないので何とも言えないですが、塾に関しては親学歴と世帯収入による参加率の差がきれいに出ています。つま

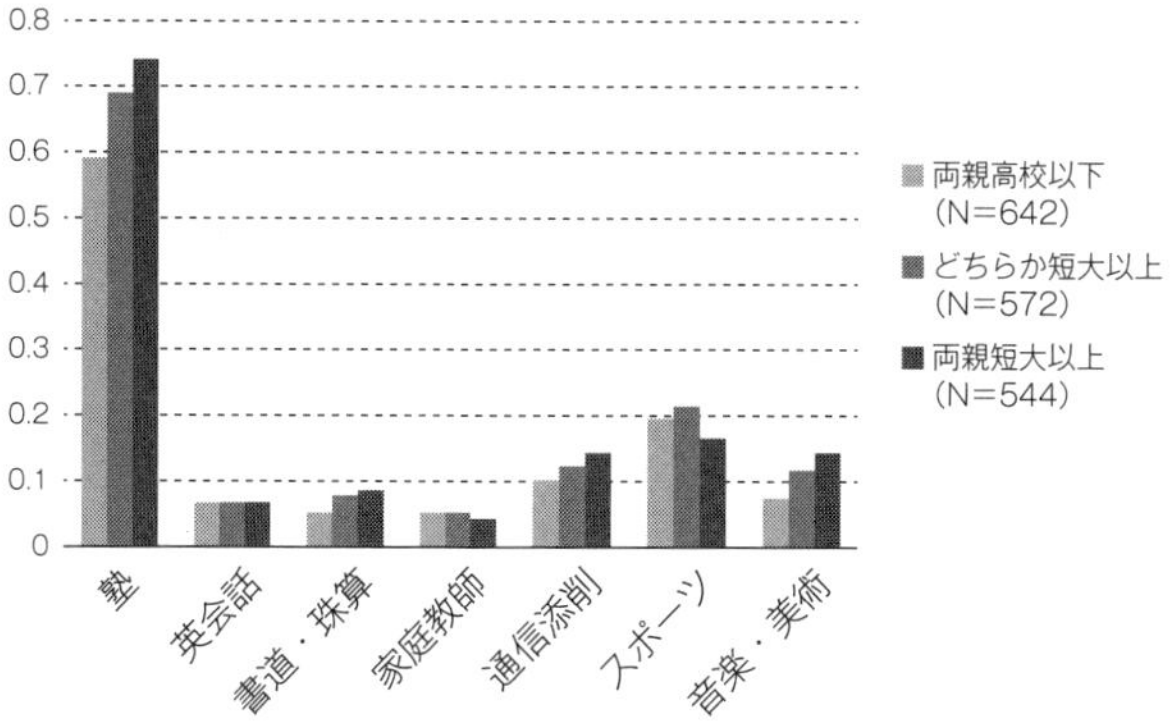

図 15　親の学歴別の習い事参加率（中 3 時）
出典：『中学生と母親調査』(2015)

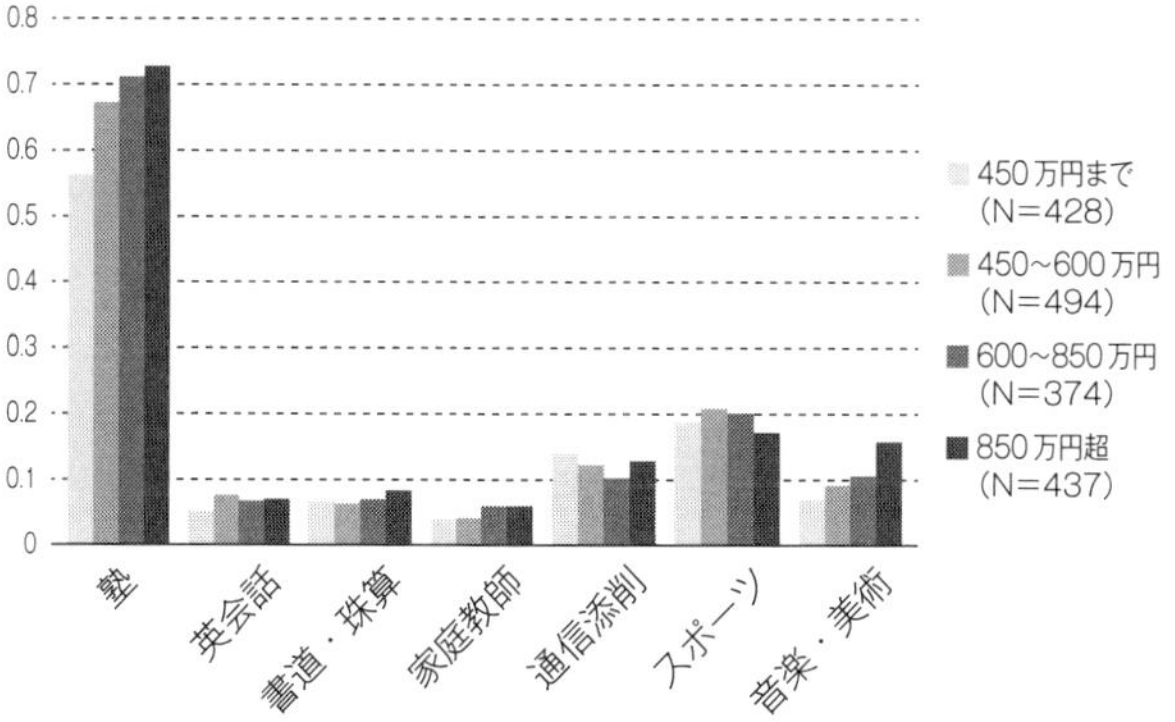

図 16　世帯収入別と習い事の参加率（中 3 時）
出典：『中学生と母親調査』(2015)

り社会階層と通塾は正の関連があるということです。そう考えると、塾は行ける人しか行けないことになり、格差を縮小させるのではなく、逆に拡大させる可能性の方が高いでしょう。

よく子どもが、勉強は塾の先生の方が教えるのがうまい、などと言うことがあります。ただ塾は、行っていないことが社会的に問題視されることはありません。一方、公教育の学校は違います。「不登校」という言葉が存在すること自体、学校に行かないことが社会的に問題だという認識を示しており、「不登校」は解決されなければいけない、あるいは何らかの形で（対象の子どもを）サポートしなければならない、とされます。

既に述べたように、公教育制度の下の学校は、子どもたちを例外なく包摂することになっています。だからこそ保護者は子どもに通学させる義務があり、子どもにとっては行くことが当然の権利となります。しかし、塾は、行きたい人だけが行けばいい存在です。この違いは重要です。

学校は全員を包摂する以上、児童・生徒を差別してはなりません。やる気がない、問題ばかり起こす、だからといって彼らを学校から排除できません。むしろ教員は、彼らのやる気をどう引き出すかまで期待されます。単に知識や技能を教えれば済むわけではないのです。やる気のある子と、サボりたい子の両者に、一定の満足感を与える難しい舵《かじ》取りを迫られるのが公教育における学校です。

塾講師の役割は学習面（それも受験対策）に特化しやすい点で、学校の教員ほど役割期待は広くありません。そして塾は強制性がない以上、もともと学習に前向きな子が通うので、学校に比して教える児童・生徒の均質性は高く、授業自体はやりやすいはずです。

そう考えると、塾の教育における役割は限定的です。確かに通塾か非通塾かで平均成績を比較すると、前者がよくなります。しかし塾に行くか否かはランダムに決まるわけではありません。塾によって成績が伸びたと感じるかもしれませんが、実際はもともと塾に行くか否かに、家庭の階層とか、本人のやる気の違いがあり、それが成績差となって現れているだけかもしれません。もともと塾に行く傾向のある階層の高い（学習環境に恵まれていて）、やる気がある（塾に行こうが行くまいが自分で勉強する）生徒は、塾に行こうが行くまいが、良い成績をとれるのかもしれません。

図15・16で示した調査では、中学生活や学校外教育についても尋ねています。二年後に追跡調査を行い、進学した高校名を把握しました。それにより高校の偏差値も特定できます。そして通塾により、進学した高校の偏差値にどれくらい違いがあるかを検討しました。それが図17です。

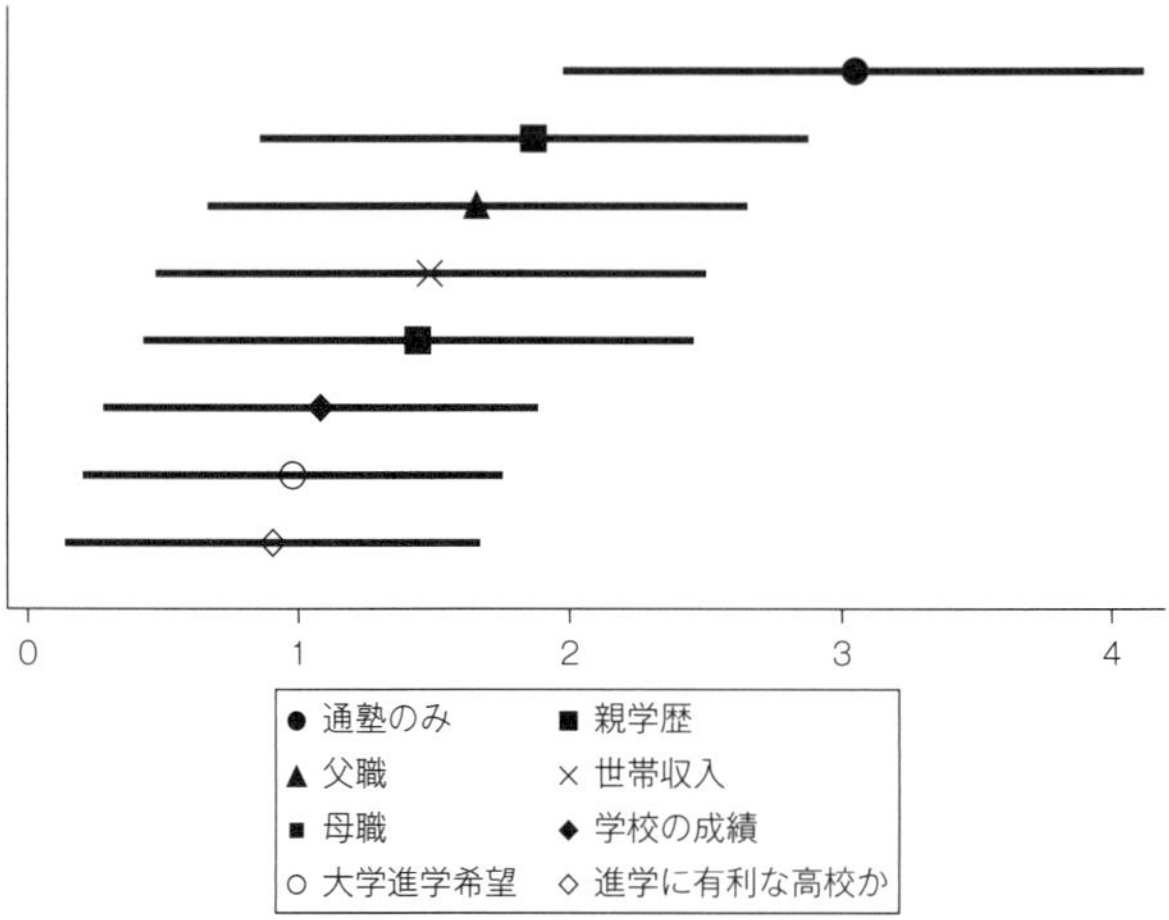

図 17　通塾者の進学先高校偏差値のアドバンテージ

出典：『中学生と母親調査』（2015; 2017）

注：従属変数が高校偏差値の重回帰分析。95％信頼区間。

　単純に通塾の有無だけで比較すると、偏差値は三・〇四九の差があります。塾に行くと、平均で偏差値が三ほど高い高校に進学したということです。ただ通塾の有無は階層による違いがあります。そこでまず親学歴の条件を揃《そろ》えて（専門的には「親学歴を統制［コントロール］して」と言います）比較します。

　すると、塾のアドバンテージは一気に一・八六六にまで減ってしまいます。通塾の有無だけを考慮していた時の六割程度の差です。換言すれば、消えた四割は親学歴の差で説明できてしまう、という意味です。このように、通塾の有無に関係すると思われる要因を次々に考慮していきます。すると、通塾の偏差値のアドバンテージを示す九五パーセント信頼区間のバーは、徐々にゼロに近づいていくのがわかります（ちなみに、図の中の「進学に有利な高校か」というのは、高校選択にあたって［より上級の学校への］進学に有利か否かを考慮した、という意味です）。

詳細を省きますが、通塾の有無と関連しそうな、もともと備わった個人の性格を示す選択バイアスを取り除くやや高度な分析（傾向スコア・マッチングとよばれる手法ですが、読者の方はあまり気にされなくても構いません）を用いたところ、通塾のアドバンテージは完全に消えてしまいました。通塾の効果と思われる偏差値の差は、塾の効果というより、塾以外の階層的要因（学習環境）や、本人の性格ややる気の有無でほぼ説明できてしまい、塾に行っていなくても、結果的には同じ水準の高校に進学しただろう、ということです。塾関係者には申し訳ないですが、塾は「周りが行くから自分も行く」という気休め以上の意味はあまりないというのが、この分析結果の解釈となります。

なお韓国出身で、現在アメリカで活躍する社会学者パク・ヒュンジュン氏も、前の章でも触れたＯＥＣＤによる生徒の学習到達度調査（ＰＩＳＡ：Programme for International Student Assessment）を用いて同様の分析をしていますが、様々な要因を統制すると、塾による学力のアドバンテージは消えるそうです。日本や韓国のPISAの点数が良好で極端に成績が悪い生徒が少ないのは、塾のおかげではなく、公教育制度が標準化された形で全国一律に施行されている（どこに行っても同じ水準の教育が受けられるような制度設計になっている）からではないか、と彼は解釈しています。

オンライン授業は格差縮小に資するか

さて、COVID-19の感染拡大で学校が一時期閉鎖されたとき、日本におけるICT教育の環境整備が立ち遅れていることが明確に自覚されることとなりました。インターネットを使ったオンライン授業や講義は、COVID-19以前から技術的には可能でした。しかしPISAで行われた質問紙調査によれば、学校の環境整備や教員のスキルに課題があり、参加国中、日本は授業や宿題でコンピューターやデジタル機器を使用する頻度が最低です。なお、日本の生徒は、学習以外の目的では、他国と同様にコンピューターやインターネットを使っているので、教育面の課題が大きいことは明らかです。

パンデミックにより学校が事実上閉鎖されても、学習の機会が失われてはならないので、その代わりとしてオンライン授業の活用が叫ばれています。様々な理由で学校に行くのが難しい子どもにとって、オンライン授業は一つの福音となるでしょう。また、デジタル機器やインターネット環境を整備することで、格差の問題も解決に向かうのでは、と期待する声もあるようです。

もちろん学びの手段として、こうした新しいメディアによる授業はあってもいいし、うまく活用すれば、これまで授業を受けることが難しかった人にも、機会を提供できる側面があるのは事実です。

ただオンライン授業が、従来型の学校を否定し置き換わる存在になるかというと、私は懐疑的です。特に義務教育機関や高校くらいまでは、オンライン授業一辺倒は無理があり、従来型の授業を補完する存在と考えるのが現実的だろうと思います。

学校に行かない場合、成績はどうなるのか。アメリカにヒントとなる研究があります。ダグラス・ダウニーら社会学者の研究グループは、認知能力（単なる知識の有無だけではなく、情報を集め、整理し、説明したり、それをもとに決定できる能力で、一般的にテストで測っている能力全般と考えて大きな支障はありません）の階層間のギャップが、学期中より、夏休みなどの長期休暇で大きくなることを見出しました。教育社会学者のカール・アレグザンダーらの研究も同様の結論を導いており、それはトラッキングの配置や、進路選択にまで影響を及ぼすことになります。

COVID-19のロックダウンが学校生活に与えた影響については、まだ分析結果が出揃っているわけではありません。しかし海外の社会学者の研究成果をみると、概《おおむ》ねこれらのアメリカの先行研究と矛盾しない結果が出ています。デンマークではデヴィッド・ライマーらが、読書習慣について、学校が閉鎖された初期に階層間の格差が拡大し、その後も格差は維持されると述べています。

同じくデンマークのマッズ・マイアー・イェーガーらは、図書館の児童書の貸し出しデータ記録の変動から、子どもの学習機会の社会格差がCOVID-19によって拡大したと述べています。図書館の利用と格差に何の関係があるのか、と思うかもしれません。しかしもし学校が閉鎖され、その最中の子どもの学習機会をどうするかは、保護者の動き次第となります。図書館資料はデジタル化が進み便利になりましたが、どううまく活用できるかは利用者のスキルに依存します。高い階層の保護者は、熱心にそうしたサービスの情報収集をしますし、また新しいテクノロジーの活用にも長《た》けています。

便利な技術は満遍なく普及すると考えがちですが、新しいメディアの活用にはそれなりのスキルが必要で、何らかのサポートがないと逆に格差拡大を助長する可能性もあります。

生活習慣と格差

よく、朝食の有無と学力の関係が取り沙汰されます。もちろん朝食を食べないと、午前中にお腹がすいて授業に集中できず、点数が下がる可能性はあるでしょうが、朝食の有無が成績差の直接の原因と考えるのは短絡的です。朝食で知識や技術が身につくわけではないからです。成績を伸ばしたいなら、朝食を食べるだけでは全くダメで、地道に勉強するほうが効果的に決まっています。

重要なのは生活習慣全体であり、朝食はその一例にすぎません。確かに一部の家庭では、様々な要因で子どもに注意を向ける余裕が失われており、朝食をとらない子もいるようです。ただそうした子どもの生活は、朝食だけに問題があるとは考えられません。

学校を離れた家庭や地域での過ごし方は、基本的に本人や家庭任せとなります。家庭はプライバシーの領域なので、学校を始め行政の介入に限界があります。子どもが学校にさえ来てくれれば、周囲に歩調を合わせざるを得ないので、ひとまず机に向かい課題をこなさざるを得ません。しかし授業がオンライン化し、物理的な環境整備が各家庭に及んでも、授業の受講は本人次第となります。子どもが地理的に離れた場にいるので、受信してくれないと、学校の教員は手の尽くしようがありません。

また藤原 翔《ふじはらしょう》氏によれば、主として大学生など高等教育機関への通学者についてですが、COVID-19のパンデミックで学校や授業に臨む意欲が減退する傾向がみられるようです。自律的に学ぶことが称揚されている高等教育進学者ですらそうした影響が出るので、初等・中等教育のオンライン授業に対し諸手《もろて》を挙げて賛成、というのは楽観的すぎるでしょう。

一方で、このような新しいメディアによる授業には、可能性もあります。本書で示したように、学校の授業のあり方、勉強の仕方は歴史的に形成されてきたものであって、今ある学校のスタイルが絶対的なものではありません。

またこうしたテクノロジーの発達は、個々の子どものニーズに対応して個別学習する上では確かに便利で、この動きを止めることはできません。また先述したように、様々な事情で学校に行くことが難しい子どもにとっては、うまく活用すれば大きな助けになることに疑いありません。つまり今後はオンライン授業を否定的に捉えるのではなく、その存在を前提に、学校現場がこれらのメディアをどう活《い》かしていくかを考えていかなければなりません。この課題に応えていくためにも、冒頭で述べた教員の置かれた厳しい状況の改善を、社会全体の問題として引き受ける必要があるのです。

第六章　多様化・個性化時代の学校

「自分とは何か」という問い

第二章で取り上げた近代社会は、個人がもつ得意分野、適性に応じて社会で地位配分を行う社会の到来を意味します。得意分野や適性を発見し、伸ばすのが近代学校制度です。ここで問題になるのは個人の能力で、出身などの生まれ持った属性ではありません。その人が何をなしうるのか、そしてそれを説得的に説明するためにも、何らかの実績が求められるのです。

そもそも近代以前は、今私たちがイメージするような職業（進路）選択という概念があったのかも怪しいところです。職業分化も近代化の産物で、分化した職業を適性に応じて自分で選べるという価値観も、近代合理主義に基づきます。そうなると、職業選択や進路選択において、出身という要素は相対的に重要でなくなるはずです。

人間は単独で生きているわけではなく、他者との関係、つまり社会の中で生きています。

COVID-19のパンデミックで、外出の自粛で巣ごもり生活を強いられた際、孤立感や孤独に悩んだ人も少なくないでしょう。人間はコミュニケーションを必要とする、社会性をもった生き物だということを実感した人も多かったのではないでしょうか。

一方で、他者と関われば、常に自分の立ち位置が問われます。自分が何を考え、なぜそう考えるのか、それを突き詰めていけば、自分という人間、自己アイデンティティを問うことになります。

これが職業選択や進路選択の自由などない世の中であれば、自分を根底から問い直す必要はないかもしれません。出身自体が、その人を示していることになるからです。しかしそうした生まれもった属性は近代以降重要でなくなり、代わって自分とは何かを自身で選択し確立する必要が出てきます。

教育制度が社会全体に普及すると、アイデンティティの形成において教育が重要な役割を果たします。成績や最終学歴（卒業した学校名）が、梶田孝道（一九四七〜二〇〇六）のいう「アスクライブド・アチーブメント（属性化した業績）」と化し、まるでその人を表しているかのように機能し始めるのです。これが日本で批判されてきた学歴主義の姿でしょう。

一方、学歴にいつまでもこだわっているのは格好悪い、また学歴でその人物が評価できるわけではない、学歴と仕事能力は全く別、という至極真っ当な主張も出てきます。最近は同窓会組織の高齢化が進んでいるという話もあり、若い人の間では出身学校が同じというだけで「群れる」ことにあまり意味を見出せない人も多いように思います。

教育の世界では、ある程度高校教育まで国民全体に浸透した一九七〇年代末期から、既存の教育への問い直しがみられるようになります。全国の高校進学率が九割を超えたのが一九七四年で、このことはほとんどの中学生が高校入試を経験するようになったことを意味します。それと軌を一にして、校内暴力、不登校（ただし当時は登校拒否、という言葉が一般的でした）、そしてその後いじめと自殺といった学校問題に注目が集まるようになりました。

そして一九八〇年代以降、教育の平等化がある程度達成されたとして、「個性化」とか「多様性」が重視され、今に至ります。オンライン授業のような技術の発展も、それを後押しします。

人間は社会性をもつ存在とはいえ、個人は個人として独立した存在です。個人の内面までは、他者は支配できません。生まれもった属性の重要性は低下した一方、今度は近代社会の組織（主として官僚制組織）に属し、そこでの実績が自分は何者なのかを示す指標となります。

この時点では、まだ組織への所属が、個人にとって重要な意味をもっており、日本社会では、学校を出ると、男性の場合は会社という組織の中で個人のアイデンティティを確立することになりました。ただしそれは性別役割分業が前提で、多くの女性は官僚制組織から排除され、家族という集団で無償の家事労働をし、夫の社会的地位や子どもの教育を通して自分を示すしかありませんでした。

しかし今や、先行き不透明な世の中で、会社組織に自分及び家族の人生すべてを委ねるのはハイリスクです。賃金が伸びないので、女性にとって専業主婦という選択は、生活を夫に依存する点でリスクが高いですし、何より生活費が不足します。そうなると、女性も仕事をもつのが普通となり、家族の収入源は多元化します。このことはリスク分散というだけでなく、女性の経済的自立を促します。

コミュニケーションをとる手段も、固定電話から携帯電話に変わり、そして情報源としてかつては主流であった新聞、雑誌、そしてテレビやラジオの相対的地位が低下し、今は自分の好きなサイトをインターネットで検索して見ることができます。集団や他人に合わせて何かをする必要がなくなりつつあるのです。同じ時代を生きていても、同世代が皆読んでいた雑誌とか文学作品とか、あるいは皆が見ていた番組、聞いていた音楽、などという共通の基盤がなくなってきます。

これは社会の個人化、とよべる現象です。他者とのかかわりはあるのですが、それを実感する場は少なくなっているのです。

モダニティ論と個人化

かつて日本に、高田保馬《たかたやすま》（一八八三〜一九七二）という、社会学も論じる経済学者がいました。彼が提唱したものの中に「結合定量の法則」というのがあります。簡単にまとめると、人間一人が関われる他者や集団との関係の総和は一定である、ということです。

例えばある人物は、会社の一員、家族の一員、地域の住民の自治会メンバー、趣味のサークル会員という側面をもっていたとします。どれもその人物を示すものですが、会社組織の人間として会社にどっぷりつかれば、他の家族、地域住民、趣味サークルとの関係は弱くなります。家族サービスに熱心になって家族中心の生活を送るようになれば、会社、地域住民、趣味サークルとの関係が疎遠になります。このように、どこかとの関係が強まれば、逆にどこかの関係を弱めざるを得ません。

ところが、先に述べたように、近年は集団や組織に所属する意味が徐々に失われてきつつあります。むしろ個人としてどうするのか、という個人そのものが問われるのです。

イギリスの社会学者アンソニー・ギデンズは、近代を理性重視の社会と位置づけます。ここでいう理性の淵源《えんげん》は、一七世紀後半から一八世紀に、ヨーロッパの知識階級で広まった啓《けい》蒙《もう》思想です。啓蒙思想は、知識の根源を神などの超越的な権威に委ねるのではなく、物事を合理主義的に、人間がもつ悟性に基づいて理解し、見直す立場です。

この理性主義が、自然科学を中心とする近代科学を発展させてきました。私たちの生活はそうした科学の発展の恩恵を受けています。一方で理性主義を徹底していくと、理性に基づく科学自体も、本当にそれが正しいのか、という問いを常に突き付けられます。実際、科学の発展と、徹底した問い直しは不可分の関係にあります。

このような理性に基づく考え方は、どこでも誰でも同じような論理構成で考えれば、同じ結論に行きつくはず、という合理主義です。この合理的論理構成は普遍性をもち、その分内容も抽象度を増します。だから個別の事情や文脈に基づく知や伝統の重要性が薄れ、どこでも誰にでもあてはまる法則や方法が重んじられます。知が生み出された経緯や場は徐々に顧みられなくなり、できあがった抽象的な知だけが、それを扱う専門家集団の中で体系化され、発展してゆきます。

こうした知の空間は、象牙の塔とも揶揄《やゆ》されますが、現実世界から切り離されているので、社会からも存在意義や応用可能性を問われます。だからその専門知そのものが何なのか、ということも、専門家集団内でも常に問い直されます。

人間も同じことで、集団や組織に結び付いてアイデンティティを確立していた人が、それに頼れなくなってきます。むしろいつまでも、学校名や会社名にしがみついて生きている人は、格好悪い、と見なされかねません。ただ結合定量の法則にしたがえば、人間は自分の社会的位置を確認しうる何かとのつながりが必要になります。「自分探し」とか、「自分とは何か」を問い直す、というのは、ギデンズによれば、特定のつながりを喪失し、その矛先を自分に向けざるを得ない現代の人々に起こる必然的な現象、つまり自分を見つめ直し続ける再帰的プロジェクトなのです。ここでいう再帰的とは、自己言及的とも訳されますが、自分で自分を問い直す、ということです。

教育の世界で、個性とか多様性が重視されるようになった背景には、以上のような時代の変化がありました。ただ個性とか多様性というのは、単に個人差があるという以上の意味はないので、結局個々の人物の中身が問われることになります。自分探しという言葉が生まれ、キャリア教育が重視されるようになったのも、そうした時代の流れと無関係ではありません。

ライフコースは本当に多様化しているのか

ただ、自己選択・自己決定が重要だと喧伝《けんでん》される反面、本当にそうなのか、という疑問がないわけではありません。日本は極めて年齢主義が強く、教育の世界と労働の世界が明確に分断されています。日本独特の新規学卒一括採用のシステムが存在するがゆえに、いったん就職すると、学び直しのために学校に戻るのは、キャリア（特に昇進）に必ずしも良い結果をもたらさないため、「生涯教育」という言葉はあるものの、掛け声にとどまっています。

二〇二〇年現在、高校卒業者ですぐに就職する者は、二割未満です。八割は何らかの学校に進学しています。そして進学先で最大シェアを誇るのは四年制大学で、現役進学者に限定しても既に高卒者の半分を超えています。

図18は、男女別の大学進学者数と、大学入学者の現浪比の推移を示しています。文科省の『学校基本調査』では、いわゆる浪人が何なのかは明確に定義していません。浪人には、予備校に通ったが、結局大学進学を諦めたとか、一旦どこかの大学に入学しながら再受験を試みる「仮面浪人」もありますが、集計データからそれらを把握するのは困難です。『学校基本調査』では、各年度の大学入学者について、高校卒業年度別（最近はなぜか入学時の年齢別

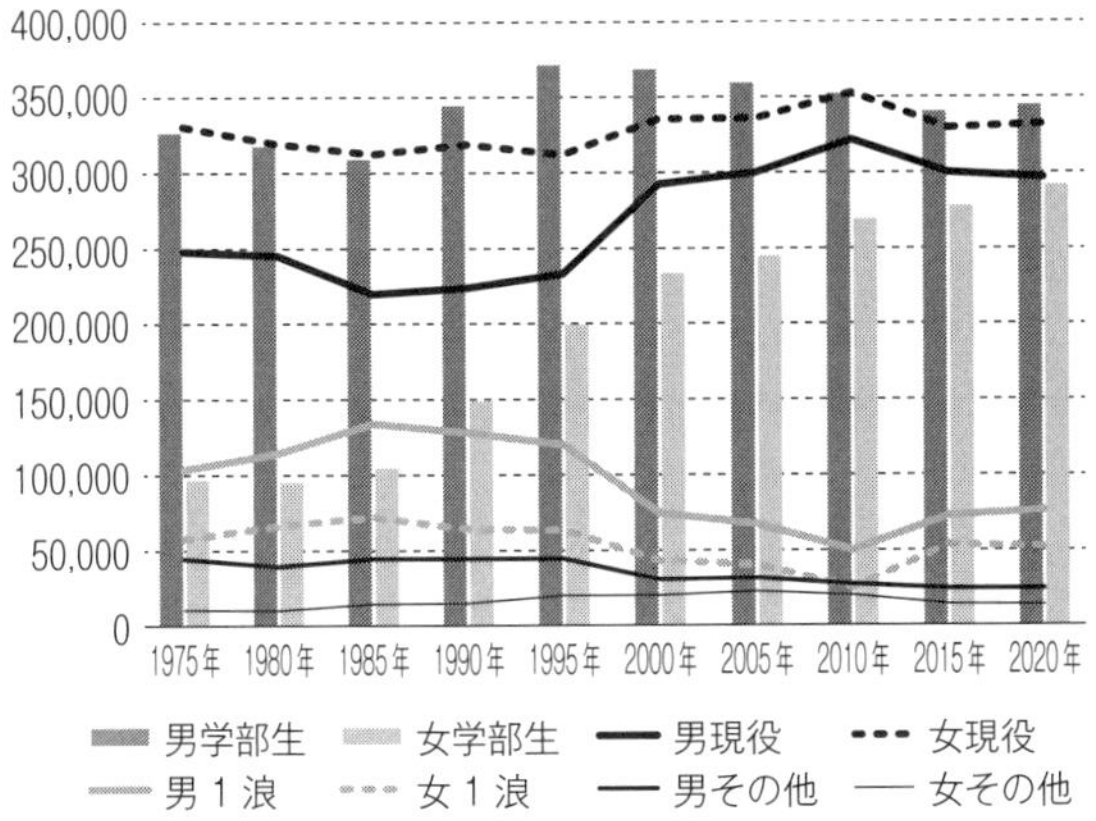

図 18　大学入学者数と入学者の内訳の推移

出典：『学校基本調査』より作成

注：なお、現役か浪人かは、2010 年までは高校卒業年次別の集計だが、2015 年からは年齢別の集計になっており、それに基づいて判断している。

に変わっています）で人数を集計しています。定義が変わっているので、時系列で厳密に比較できないのですが、その限界を踏まえて現役・浪人別の入学者数を推測して数値としてまとめました。

まずこの四〇年で、大学進学者の「数」は、男性に明瞭な変化傾向はありません。大学生の数は四二万人から六三万人に増えていますが、その増加の大半は女性が進学するようになった事実で説明できます。一方、かつて女性の進学先という性格の強かった短大は、四年制大学に移行するなどして数を減らしています。

一九八〇年代に半分近くまでに減った大学への男子現役進学者の割合は、二〇一〇年に八割を超え、その後若干下がって七割強で推移しています。女子の現役進学者の割合は一貫して男子より高く、また男子ほど変動はありません。おそらく社会的に、あるいは家庭からも、女子は浪人してまで進学する必要がない、という男子と異なる進学規範が通用していたためでしょう。

少子化が進む一方で、大学の数は増えており、また大学経営の観点から定員を大幅に減らせないので、競争率が低下し受験が易しくなった、というのが一般的な認識だと思います。確かに、一九八〇年代から九〇年代前半にマスメディアを賑《にぎ》わせた受験戦争という言葉は、ほぼ死語に近い状態です。

一方、大都市圏の大学生の分散と、定員過多による学習環境の改善を促すために、一定以上の定員を超過して入学させた私立大学には、私立大学等経常費補助金（いわゆる私学助成の大きな部分を占めます）を不交付とすることになりました（二〇一六年）。それで都市部の大学入学定員が厳格化され、この数年、特に人気の高い都内の有名私立大学の入学が難しくなったと言われています。

図18から言えるのは、この一〇年多少の揺り戻しとみられる現象はあるものの、基本的に大学入学者の現役志向は非常に強くなっています。少子化による数字上の受験競争の緩和、

あるいは家計の状況が芳しくないため、浪人の余裕がない、といった事情も反映されているのでしょう。

国際比較の観点から言えば、ＯＥＣＤが「最初の高等教育機関への平均入学年齢」を公表しており、日本は一八歳です（Education at a Glance 2020）。これは高卒後現役での進学を反映した数値です。しかしこの数値は、データのあるＯＥＣＤ諸国で最も若い年齢です。ＯＥＣＤ平均は二二歳で、一〇代の国はほかにベルギー（一九歳）だけです。

似たデータで、最初の高等教育機関への入学者に占める二五歳未満の占める割合をみると、日本は九九パーセントでほぼ全員に近く、高卒後一旦就職し、学び直しで二五歳を超えてから高等教育機関に入学する人はほとんどいないことを意味します。ＯＥＣＤ平均での数値は八三パーセントなので、高等教育機関に最初に入学してくる学生の二割弱が、二五歳を超えているということです。

もちろんどの国も若い人が教育機関に所属する傾向はあるのですが、日本の高等教育機関の年齢分布がいかに画一的か、わかると思います。例えば、スウェーデンやスイスは、平均入学年齢が二五歳で、入学時二五歳未満の学生は七割を切っています。

こうなるのは、日本が新規学卒一括採用の慣行を維持しているからです。国によっては兵役の影響で年齢が上がっている可能性もありますが、それだけでは説明できません。例えばイギリスでよくみられるいわゆるギャップ・イヤー（高校を卒業して大学に入るまでに、長期旅行やボランティア活動、海外留学など、大学では経験できないような体験を積む）は、日本では掛け声で終わっていますし、学び直しをしても、日本の労働市場がそれを評価するシステムをもっていません。

多様性とか、個性化などと言われていますが、進路選択に関しては、同じ時期に同じような選択を迫られ、それに乗り遅れてはいけないというプレッシャーが、むしろ少子化の進んだ若者ほど強まっています。年齢と在学期間や就職というライフステージとの関連がむしろ強まり、途中での足踏みが許されなくなっている感すらあります。

教育とジェンダー

先ほど、大学の現役進学率の男女差に触れましたが、類似の事例は図19のようなデータにも現れます。これは前章のシャドウ・エデュケーションの項目で言及した中学生と母親を対象とした調査で、母親に対し、自分の子どもの進学期待を、子どもの性別による違いから説明したものです。

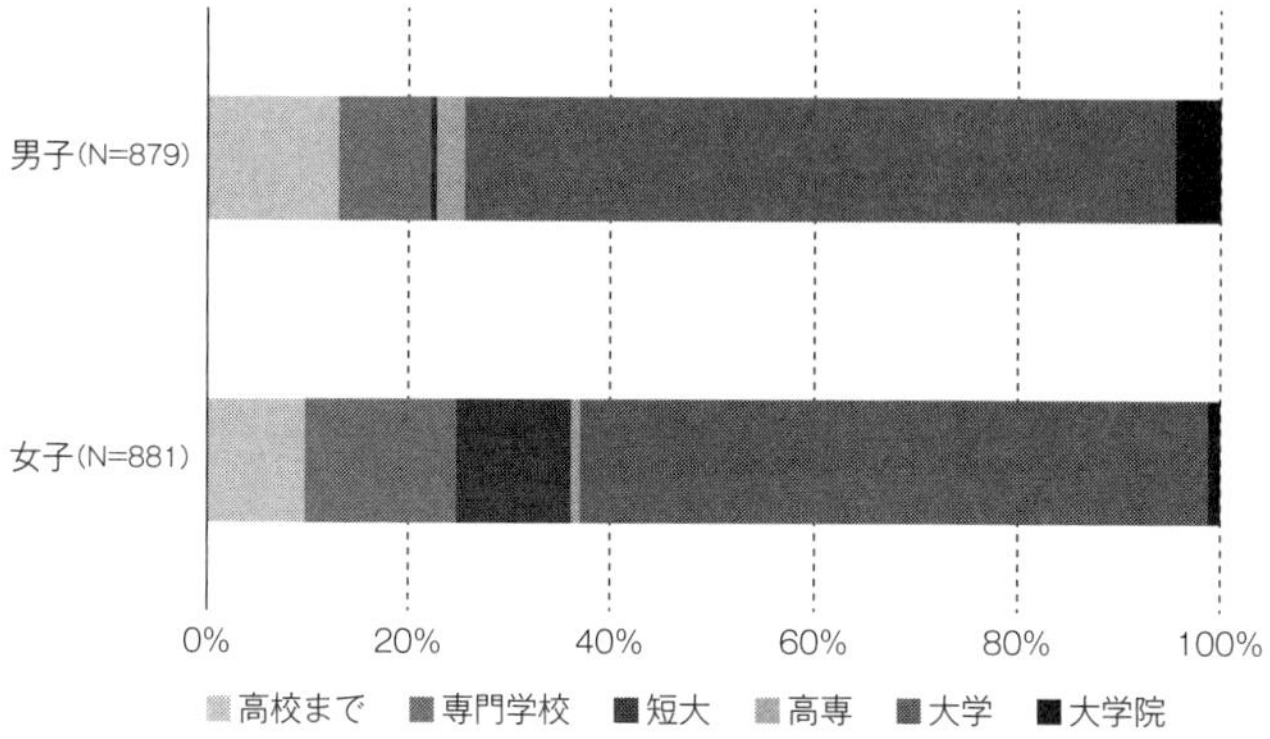

図19　自分の子の母からみた理想学歴（子の性別）

出典：『中学生と母親調査』(2015)
注：$X^2 = 129.402$　　$p < .001$

日本社会のジェンダーと労働市場に関して分析を行ってきた社会学者のメアリー・ブリントンが、かつて日本の親の子どもに対する進学期待の男女差について言及しています。一九八〇年代のデータでやや古いのですが、アメリカ、イギリス、当時の西ドイツ、韓国が比較対象となっており、日本以外は息子か娘かで進学期待に大差はないのに、日本だけ息子への大学進学期待が七三パーセント、娘へは二八パーセントと、約四〇パーセント・ポイントという驚くべき差を示しています。

当時と比較すれば、女性の大学進学率は上昇し、男子のそれとの差は縮まりましたが、図19をみる限り、依然母親の進学期待には息子か娘かで違いがあります。これは統計的に有意な差です。

世界経済フォーラムの発表する日本のジェンダー・ギャップ指数が非常に低い、ということも話題になっています。もちろんこういった指数は、いかなる指標を用いるかで結果が大きく変わりますし、用いる指標の選定自体が恣意的という批判はあり得ます。ただ性別で比較したとき、教育の指標をみると、他国からは依然男女差が強く残っている国という印象を与えるようなデータが多々あります。

何度か言及したOECDのPISAでは、読解力、数学力、科学力の三つが問われます。二〇一八年度の結果をみると、読解力は日本も含めほとんどの国で男子平均より女子平均が高くなっています。一方、数学力と科学力は一般に理系分野と考えられ、日本では男子の得点が上回るのが当然と見なされている節があります。実際、日本のデータはそうなっています。数学については、確かに男子が上回っている国が多数派なものの、フィンランド、ノルウェー、アイスランドなど、参加国四一カ国中、七カ国で女子の点が男子を凌駕《りょうが》しています。科学に至っては、ほぼ半数の国が男子より女子の点がよくなっており、OECDの平均点自体、女子の点が男子を上回っています。

図20は、四年制大学の全在学者の男女比を示しています。下に行くほど、男性の割合が高

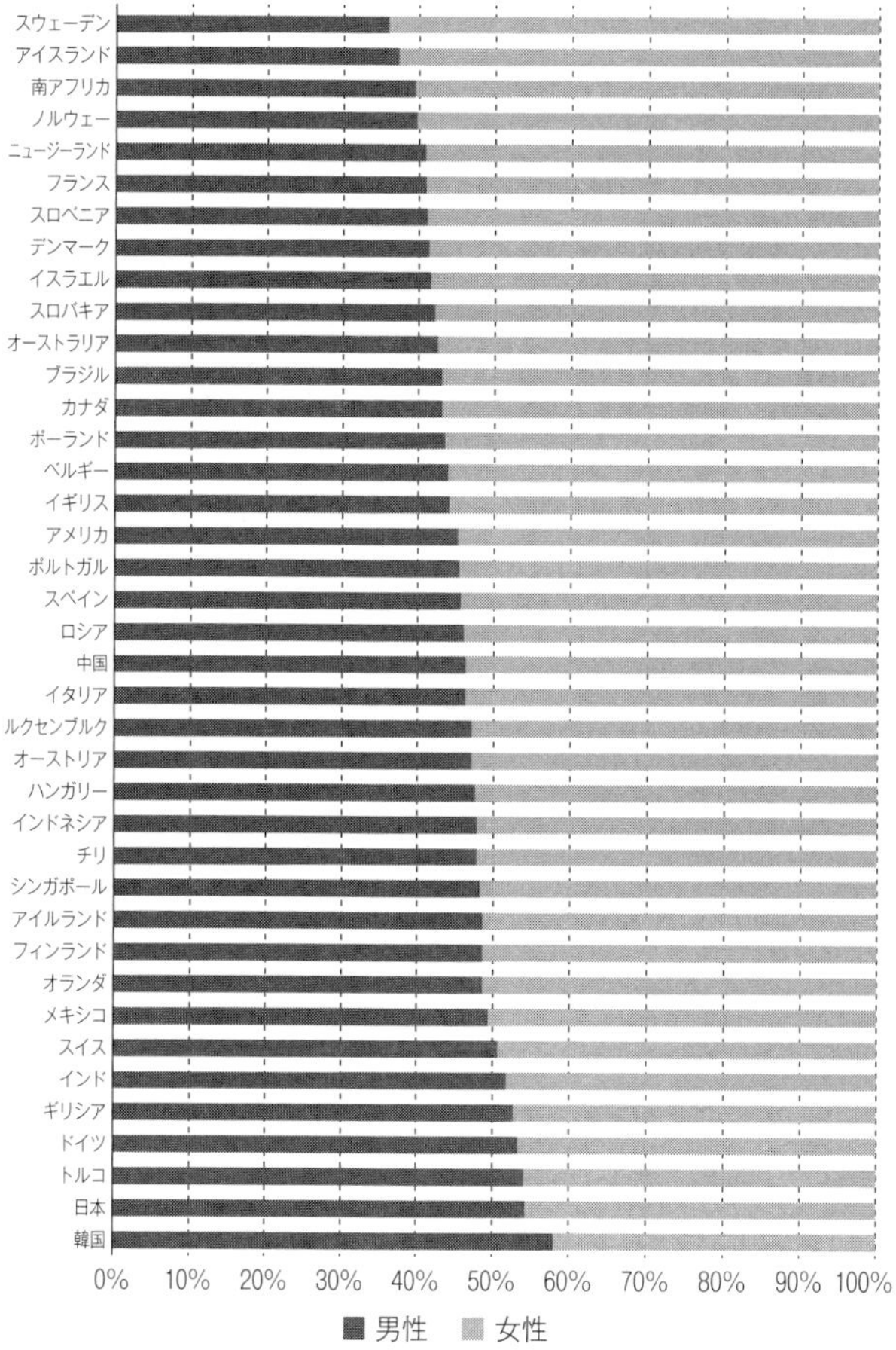

図 20　四年制大学在学者数の男女比
出典：UNESCO Institute for Statistics（2018 年版のデータ）

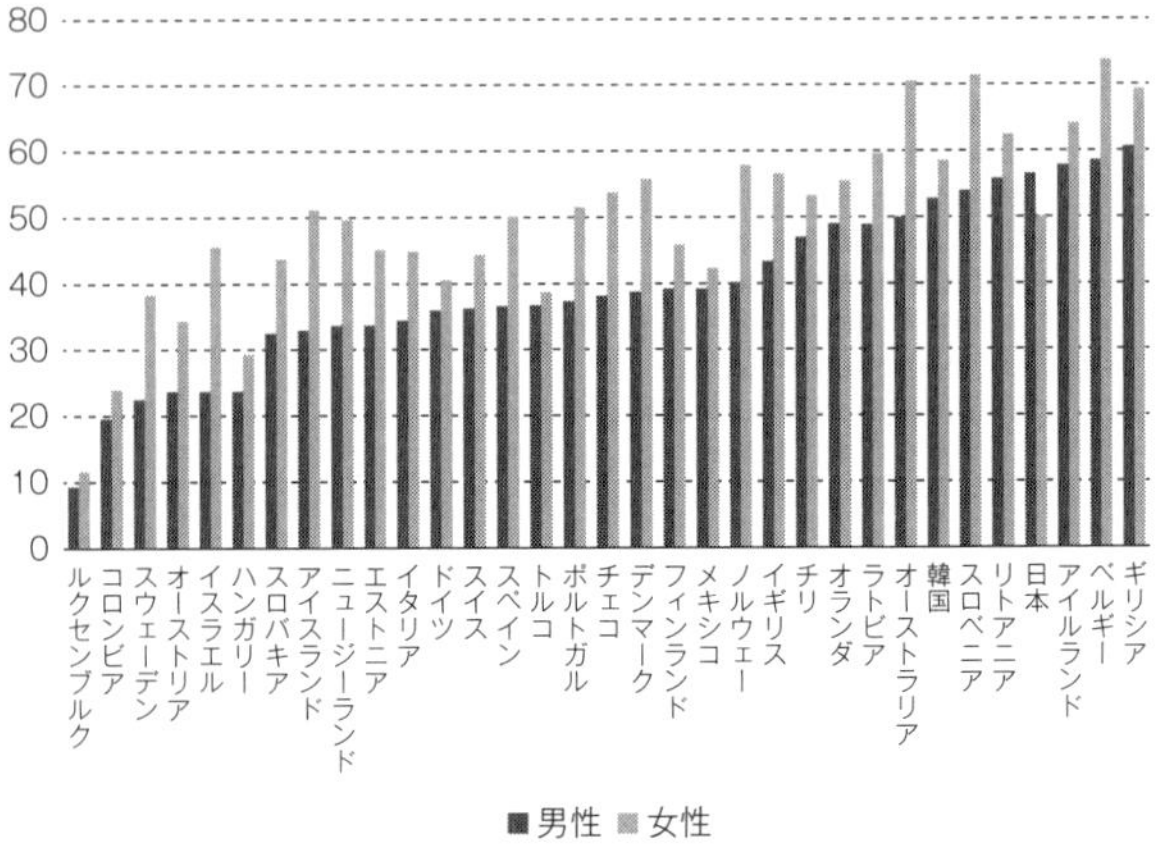

図21　四年制大学男女別進学率

出典：Education at a Glance 2020（OECD）及び『令和2年度学校基本調査』

くなっています。これを見ると、日本では大学在学者数は男の方が多いのを当たり前だと考える人が多いと思いますが、実は男女比で男性が上回っている国は少数派です。

　図20は全学年の在学者数なので、場合によっては留年などの学生が反映されている可能性があります。

　今度は図21です。日本は皆、同じ年齢集団が同時に進学、進級していき、一旦就職すると学校に戻ることが稀《まれ》なので、就職を機に最終学歴が決まってしまうのが大半です。しかし他の国は必ずしもそうではありません。高校を出てしばらくして大学に進学、というケースもそれなりにあります。そのため、図21は二五歳までに大学へ進学した人の割合を男女別に示しています。

ここで日本の特殊性がより鮮明になります。実はOECD諸国中、女性より男性の大学進学率が高い唯一の国が日本です。確かにかつて、ジェンダーの問題を扱う際には、大学進学率の男女の格差（男性のアドバンテージ）が問題にされてきました。

しかし今や、世界的にはそういうことが問われること自体が時代遅れとなっています。むしろ女子の進学率は男子のそれを凌駕しているのが大勢であり、海外ではむしろ男子生徒の落ちこぼれ問題や、分野による性の偏りに注目が集まっているのです。

教育と労働市場のリンケージ

第四章で述べたように、高い専門性が日本の労働市場では必ずしも高く評価されない可能性もあります。新規学卒一括採用を前提とし、そこから企業内訓練（OJT）を経て、いくつかの部署を経験し切磋琢磨《せっさたくま》しながら昇進してゆくジェネラリスト型の組織では、狭い専門性よりも、OJTにかかるコストが少ない潜在能力のある者や、どこの部署でもトラブルを起こさず人間関係をうまくやっていける人が重宝されます。

労働法を専門とする濱口桂一郎氏は、このような職務を限定しないメンバーシップ型雇用を日本の特徴と指摘してきました。こういう組織で成果主義を導入しても、職務の範囲が明確でないので成果の指標が曖昧になり、部下は上司との人間関係で主観的に成果を評価されたと不信感を抱く可能性が高くなります。だから日本の企業で成果主義の導入をうたっても、なかなかうまくいきません。

もちろんメンバーシップ型雇用がうまく機能するのは大企業ですし、人事異動もランダムに行われているわけではなく、異動で動く部署の範囲はある程度決まっていて、異動パターンもあるようです。企業としても、当然過去の経験を活《い》かしてほしいわけですから、ランダムな異動をさせているとむしろ非効率になるので、そういうことはしないでしょう。

諸外国では大卒者などの若年層の失業が社会問題となりがちなのに対し、日本は概して若年失業率は高くありません。新規学卒一括採用という仕組みがあってＯＪＴを重視する社会では、学卒で特殊な知識や経験がない方が（企業色を染めやすいので）都合よく、逆に下手に専門性を身につけたり、他企業で経験があったりすると（よほど優れた業績があれば別ですが）、何か前の会社で問題を起こしたのではないか、とか、前のやり方にこだわってトラブルを起こすのではないか、などと警戒され、転職ややり直しに不利になることが多くなるのです。

一方、海外では職務の範囲が限定されるジョブ型なので、仕事の内容を限定したうえで、その仕事で何ができるのか、が求められます。ということは、実務経験があるほうが有利で、大学を出たばかりの若者は労働市場で売りにできる技能がなく、就職口がないということになります。それを埋め合わせるために、大学院などに進学し、専門性を高めて労働市場に打って出ようとするわけです。

グローバル化への対応

これまで説明してきた学校化社会は、グローバルに起こっている現象です。世界の趨勢《すうせい》としては、トップレベルの人材獲得競争では、専門性が重んじられるようになっていますし、またその専門性の証明として学位の有無が重視されます。日本で東大法学部がどんなに威信が高くても、海外に出ればローカルな大学の学部卒でしかありません。

これまで日本は相対的に人口も多く、言語の壁もあって、何となく日本国内でうまくやっていけばどうにかなるという雰囲気があったと思います。別の外国語の習得は、それなりにエネルギーを費やすものです。水準の高い出版物を自国語の日本語で読んだり書いたりできるマーケットが存在するくらいなので、外国語習得に割くエネルギーを減らし、個々の専門分野に注力できた面があります。見方を変えれば、外国語習得のインセンティブが起こりにくい原因はそこにあり、実際に海外に出るとあまりに英語ができないので、それを英語教育のせいにしているのが現実なのでしょう。

グローバル化で英語が重要だと言われています。賛否はともかく、小学校にも英語教育が導入され、英語によるコミュニケーションも重視され、日本企業の中に社内の公用語を英語にするところも出てきました。これらが功を奏するかはよくわかりませんが、仮にうまくいったとして、それがどういうことを意味するのかを考えてみる価値はあります。

これまでの日本経済の状況が相対的に悪くなく、そこそこ市場も大きく、日本人にとって英語の習得はエネルギーを要するので、優秀な人材は日本国内の一流企業に就職して活躍できれば、わざわざ英語など習得しなくてもよい、としてきた面はあったでしょう。

しかしもし英語教育を徹底し、それがうまくいって若い人材の英語コミュニケーション力が高まれば、応募できる企業の範囲はグローバルに広がります。また日本企業も英語化を進めるということは、当然人材供給源を日本に限定しないということなのでしょう。要するに、労働市場における人材確保の国境をなくすことになります。

英語化に適応できる人は、それ自体能力があるということでしょうし、そういう人は就職先が日本企業という拘《こだわ》りも強くないと思われます。おそらくドライに、自分の専門性や能力を評価してくれるところに行こうと考えるでしょう。海外の人材も、組織が専門性をどう評価し活用しようとしているのか、という観点で企業を選ぶでしょう。日本企業、というだけで世界から羨望の眼差《まなざ》しを得られると考えるのは、あまりに甘い認識です。

英語の授業を増やすとか、英語の社内公用語化という小手先のことだけではなく、もっと経営組織の人材活用のあり方を問い直さなければ、優れた人材を集める競争に負けることになります。グローバルな展開をし、競争にさらされている企業であれば、言語の壁をなくし人材獲得もグローバルに打って出ると、企業の評判が世界に及ぶことに気づくでしょう。そのような流れに身を置けば、人材獲得の方法や、社内での人事のあり方も考えざるを得ません。この流れと、学校化社会や世界的な高学歴化は、矛盾するものではありません。

不登校問題と学校

このように社会における学校の役割が強まることはあれ、弱まることはないとすれば、やはり子どもたちにとって学校という場の環境、教育実践のあり方を考える必要があります。

学校をめぐっては様々な報道がなされています。もちろん平常な状態があるからこそ、逆に「問題」となる事象が目立ってニュースになります。だからニュース報道ばかり見ていると、日本の教育システムは問題山積で、制度疲労を起こしているなどと考えてしまいがちですが、極端な例ばかりが取り上げられるという認知的バイアスが働いている可能性は考えておく必要があります。

実際、質問紙調査で子どもたちに、学校は楽しいか、と聞くと、多くの子どもからは肯定的な答えが返ってきます。これまで本書で取り上げてきた中学生と母親を対象にした調査でも、当時の中学三年生の八割以上が「全体的にみて、学校生活は楽しい」に対し「あてはまる」「どちらかといえばあてはまる」と回答し、否定したのは一割未満です。また「学校に行くのはいやだ」という項目についても、「あてはまる」「どちらかといえばあてはまる」は一一パーセントだけです。

もっとも中学校は義務教育なので、一割弱でも否定的な回答があるのは由々しき事態である、という捉え方もあると思います。学校生活が楽しくない、行くのが嫌だ、と考える理由は様々ですが、そうした事態が進めば不登校につながります。

不登校は、時代における学校への社会的眼差しが反映され、定義や呼び名に何度も変遷が重ねられてきました。それこそ昔、戦後直後に長期欠席児童・生徒が問題になったのは、今ではあまり考えられませんが、親の失業や、農繁期における労働力不足で、児童・生徒が労働力となっていた（働きに出ざるを得なかった）というものです（例えば『朝日新聞』一九四九年一〇月三〇日、一九五四年五月三日や『読売新聞』一九五三年一〇月二〇日など）。特に中学校は戦後義務化されたので、家庭の理解が十分ではなく、貧困家庭では中学校に行かせず、生活の足しにと働かせていたことも珍しくなかったようです。

しかし徐々に貧困問題が目立たなくなり、長期欠席が家庭の問題ではなく、個人の内面の問題と変わっていきます。当初は「学校嫌い」「学校恐怖症」とか「怠学」という言葉が使われていましたが、やがて「登校拒否」という言葉で置き換えられます。

余談ですが、登校拒否という言葉は結構古く、新聞報道では一九五〇年代から見られます。ただ当時は、教員の勤評（勤務評定）闘争などの組合運動や学校統廃合反対運動で、抵抗手段として子どもを学校に行かせない、という文脈で使われており、意味が現在と異なります。登校拒否が今の不登校に近いニュアンスで報じられた最初の時期は一九六〇年代半ばで、市川市の国立国府台《こうのだい》病院に「登校拒否児」のためのベッド・スクール（院内学級）が設置されたという記事が始まりだと思われます（六五年六月一一日の『朝日新聞』夕刊や、二四日の『毎日新聞』朝刊、翌年五月一一日の『読売新聞』。これらの記事は、一種の精神的な病気、あるいは神経症という解釈を掲載しています）。

　登校拒否という言葉には、本人が学校に行きたくないという拒否の姿勢を打ち出しているニュアンスがあります。しかし実際は理由不明な例が多々あるといわれ、もう少し中立的な表現として不登校という言葉が使われるようになりました。一九九二年の、学校不適応対策調査研究協力者会議による「何らかの心理的、情緒的、身体的、あるいは社会的要因・背景により、児童生徒が登校しないあるいはしたくともできない状況にあること（ただし、病気や経済的な理由によるものを除く）」が、文科省の示す不登校の定義です。統計もありますが、若干定義が変わっているところがあり、時系列で検討する際には注意が必要です。現在は三〇日以上の欠席が、統計上の不登校の定義に含まれます。

　不登校の原因は様々で、一言では言い尽くせません。児童・生徒のメンタルヘルスや、家庭環境の問題が主たる原因と考えられますが、後に述べるように、日本の学校教育では集団活動が比較的重視されており、そうした集団生活に馴染《なじ》めない児童・生徒は疎外感を感じたり、いじめの対象となって不登校となるかもしれません。かつて見落とされていた発達障《しょう》碍《がい》も集団生活に支障を来すことが多いので、不登校の原因となる可能性があります。

　不登校の児童・生徒に対する文科省の態度は軟化しており、近年はかなり不登校の児童・

生徒に寄り添うものになっています。したがって文科省が、無理に学校に来させることを推奨しているわけではありません。

ただし学校は、不登校の子どもが学校に来られるよう、努力を重ねなければなりません。一方で、とにかく学校に戻れというだけではなく、教育委員会が教育支援センター（適応指導教室）を設けて、そこに通わせて指導するとか、そうした適応指導教室等に通った場合、一定の条件を満たせば、指導要録上で校長は出席扱いにすることも可能です（一九九二年の文部省初等中等教育局の通知より）。そして、家庭に問題があっての不登校の場合は異なりますが、それ以外の事由による不登校の場合、オンライン授業をうまく活用することも考えられるでしょう。

学校における集団生活

学校では、小規模校でない限り、通常多くの児童・生徒が一緒に過ごします。その点で学校生活は集団生活の側面を持っています。

既に述べたように、あくまで程度問題ですが、日本の学校は学校教育を教科指導に限定せず、生活指導も重視しています。このことは学校生活そのものが教育実践や評価の対象となり得ることを示します。近年、アクティブ・ラーニングという、受け身で授業（講義）を聞いているだけではなく、学修者が積極的に、自分から能動的に授業に参加すること、具体的にはグループ・ワーキングやグループ・ディスカッション、調べ学習をすることなどが推奨されています。

もっとも低学年時は、何時間も黙って授業を聞いているだけというのは集中力に限界があるので、グループを作って、その中で作業をしながら授業を受けた記憶がある人は少なくないと思います。つまりアクティブ・ラーニング的なものは、実践としてそれほど目新しくありません。もとより、知識や技能が身につき、それが使えるようになるプロセスは様々なはずなので、学習方法は目的に応じて様々なものを組み合わせればよく、一概に良し悪《あ》しを決めつける必要はありません。

ただ日本の学校では授業にとどまらず、学校生活そのものがすべて教育の対象と見なされています。日直や週番がいて、その他児童会・生徒会活動もあり、傘下に個別の委員会が組織されて生活にかかわる様々な役割分担をしています。クラスの中でも、例えば給食の配膳係や、掃除の分担など、いろいろな役割が与えられていたのを記憶している人も多いと思います。

また学校では、遠足、修学旅行、体育祭、文化祭など、折々に各種の学校行事が組み込まれており、その行事に向けて子どもたち自身で準備をするなどの共同作業が重視されています。

学級集団といっても、アメリカやヨーロッパの多くの国では、学級を（知育に限定した）学習する集団と考える傾向があり、相対的に生活指導面の注意は薄くなります。子どもたちの人間関係や学級集団を指したとき、その具体的な中身やイメージは、日本とかなり異なっている可能性があります。

ここでは性急に、いずれかが優れているという結論を出そうとしているわけではありません。もちろん日本の学校のやり方は一定程度機能しており、そこに教育的意義を見出すことも可能だと思います。ただ、生活全般に指導が張り巡らされているので、学校生活が息詰まるものにもなります。教員の業務内容を増やしている原因かもしれません。いずれにせよ、日本の教員の間で、学級経営とか学級集団づくりに関心が集まるのも、そうした学校や学級の果たしうる役割が生活全般に行き渡っているから、と考えることもできます。

日本政治思想史の研究者である原武史氏は、『滝山コミューン一九七四』という本を出しています。これは原氏自身の小学校時代の体験を記した著作で、昔の話のように見えますが、現在に通じる日本の学校の特徴をよく捉えているように思われます。

一九七〇年代はまだ東西冷戦体制にあり、特に教育の世界では戦前の軍国主義教育に対する反省から、民主的な教育が目指されてきました。そのような時代背景から、当時のソ連の教育学者の理論が実践的にも大きな意味をもっていたのです。

ここで取り上げられたのは、一九五九年の日本教職員組合（日教組）主催の教育研究全国集会（教研と略されます）で生まれた民間教育研究団体である全国生活指導研究協議会（全生研）が推進した集団づくりを目指す実践です。これはソ連のアントン・マカレンコ（一八八八～一九三九）の理論をベースとし、日本で独自に発展してきました。

教研では軍国主義を否定し、日本国憲法の精神に則《のっと》って個性を重視することが謳《うた》われていました。しかし当時のソ連の民主主義的中央集権制（民主集中制）の影響を受け、社会の変革は個人単独ではなく集団でなければ不可能だとして、非民主的な力に対抗してゆくための民主的集団を自らつくり、その集団が団結し目標に向かっていかなければならないとされました。したがって、メンバーは集団の活動を通して民主社会を実現するという自覚をもって活動することになっており、民主的集団の輪を学級から学校全体、そして地域社会へと広げていくことまで射程に入れていました。

これだけだと抽象的でよくわからないので、具体的に示しましょう。学級の中に民主的集団とされる班を作ります。そして学級目標が実現するよう、授業、掃除、各種学校行事で班競争をさせ、競争を通じて目標達成に熱心な学級集団を構築するよう仕向けるのです。これらは児童・生徒の「自主性」のもとで実施されます。目標に向かって懸命にやらなければ、民主化への活動に不熱心、無自覚だと班内で責められます。挙句の果てには、競争に負けた班は「ボロ班」「ビリ班」などというレッテルが貼られ、活動に問題ありと自己反省を迫られます。ですから学級では否応《いやおう》なしに競争に巻き込まれ、一体となって目標に向かうよう行動変容を促されます。

さすがに「ボロ班」「ビリ班」のレッテル貼りはひどいということで、それは間もなく使われなくなります。また一九八〇年代にいじめが社会問題化したことで、班競争がいじめの原因になっているのではないか、という指摘もなされ、このような実践は下火になりました。

全生研の学級集団づくりの思想は、当時のソビエト教育学や社会主義の影響を受け、民主主義を謳っていました。原氏によれば、「班」は組織内部で細かくグループ分けした集団を指しますが、そもそも「班」という名称が軍隊で用いられた用語で、戦後は必ずしも一般的な用語ではなかったというのです。また学級の一体感を演出する際に、合唱や（林間学校などでの）キャンドルサービスによる炎、松明《たいまつ》を重視していましたが、それはナチス・ドイツが用いた手法でもありました。

これは極端な事例だったのかもしれませんが、私はリアリティを感じこの本を読みました。原氏の場合は小学校でしたが、私も中学校のときに類似の感覚を抱いたことがあったからです。ただ私の中学校が全生研の実践の影響を受けていたのか、時期も場所も異なるので何とも言えません。当時、学校で日の丸掲揚・君が代斉唱を行うか否かが議論になっていましたが、私の中学校ではいずれもありましたので、どちらかといえば保守的な風土が強い学校だったと思います。

未《いま》だに忘れませんが、入学式翌日に集団訓練なるものが始まり、威圧的な教師の怒鳴り声の下で、整列や行進の練習を何度もさせられ、その後何度も体罰を目撃することになります。こんなのが三年間続くと思うと、暗澹《あんたん》たる気分になったのはよく記憶しています。一九八〇年代は、校内暴力やいじめが社会問題化した時期で、それに対し教師が強い態度で臨んで対処した学校が少なからずあったのですが、私の中学校もそうだったのでしょう。ちなみに、当時の私の住んでいた地域の中学生は、男子は丸刈り、女子は学校により若干違いがありましたが、私の出身校は髪の毛が肩にかかるのより伸ばすことは禁じられていました。

班行動は林間学校や修学旅行以外、さほど記憶にないのですが、代わってクラス、委員会、部活という集団が事実上班の機能を担っており、それぞれの「長」になると大変でした。時々各種の行事（〇〇大会とかコンクールの類）があると、学級委員が率先してクラス間競争に勝てるように他のクラスメートをかき立てて練習するなど、クラスの団結力を強める対策を立てる必要がありました。

廃品回収もクラス対抗で行われて、各クラスの持ってきた新聞雑誌類の重さで、どのクラスが頑張ったかが競われました。さすがに私は行き過ぎだと思ってそこまで熱心にやりませんでしたが、クラスによっては家にあるものでは足りないと、親戚や近所から新聞や雑誌などをかき集めるよう呼びかけるなど、過剰な競争が起きていました。

こうした活動は表向き、生徒の自主性の下でやっているのが建前です。しかし教員の期待通りの動きが見られないと、学級委員や各種委員長、部活の部長は呼び出され、咎《とが》められます。それを持ち帰って、今度はクラスメートや委員会、部の中で反省会を行うのです。何を反省しなければいけないのか、意味不明なケースもありました。ただそれを正直に言うと教員の怒りを増幅させるだけなので、面倒なことを避けようと、教員の意向を忖度《そんたく》して体裁を整えるのです。

かなり昔のことですし、個人的な経験を一般化するのは私自身批判的なので、あまり話を広げるのは慎重にしたほうがいいでしょう。ただ注目したいのは、こうした実践を支える思想がソビエト的か、保守的かというイデオロギーより（むしろ軍国主義的な発想と、ソビエト的発想には親和性があるのかもしれません）、学校活動が集団を基礎としており、集団ならではの問題が起こるリスクです。

グループや学級、学校が一緒になって何か進めることに何らかの教育的意義はあるかもしれず、そうした活動すべてを否定しようとは思いません。ただしこうした実践を行う際は、様々な能力、価値観、考え方の人がいて、互いの個性を認め尊重するダイバーシティの思想を共有する必要があります。各種行事も、決まっているから参加させるだけではなく、なぜそれに取り組むことが重要なのかを根本から問い直す姿勢があってもいいし、そういう姿勢こそがむしろ今後の社会で必要とされる創造性や批判的精神を鍛えるのではないでしょうか。

ここで述べた集団ベースの児童・生徒の活動は、空気を読む同調行動を誘発します。逆に、集団に馴染めない者は疎外されるリスクが高まります。集団活動で、ある作業が得意な人がそれを苦手な人を助ける、といった補完関係がうまく成立し、お互いさまという思いやりの精神が育まれることを教育関係者は期待しているのでしょうが、活動に競争や評価が絡むとうまくいかなくなる可能性もあります。つまり競争で勝負を決するとなれば、できる子はできない子を除《の》け者にするとか、逆にできる子に任せきりにしてしまうことも起こり得ます。集団活動で期待される成果をあげるには、相応の教員による導きや事前の準備が必要になってくるのは言うまでもありません。

学級集団といじめ

いじめ研究の第一人者であった森田洋司（一九四一～二〇一九）によれば、いじめという現象は日本特有なものではなく、英語でbullyingという言葉があてられるように、他の国の学校でも見られるものです。ただしいじめの捉え方、現れ方には、社会ごとに特徴があるといいます。

森田によれば、bullyingはもともと身体的な力による暴力というニュアンスがあり、殴る、蹴るなどの物理的暴力をイメージさせます。これに対し、日本で想定されるいじめには、身体的暴力を伴うものもあるものの、圧倒的に多いのが無視（いわゆる「しかと」）や陰口、仲間外れといったものです。

身体的暴力は、その行為自体が目立ちますし、怪我《けが》で跡が残ることもあります。しかし日本のいじめとされるものは陰湿で、教員など大人の目につかないように行われ、しかも目に見える証拠も残りにくい、という特徴があります。

いじめ問題の取り上げ方も、欧米では人種・民族の差別の問題と関連がないかが意識されるなど、いじめと社会問題を関連させて議論する傾向がある一方、日本は個人の心の問題として処理されがちです。結果として、学校での児童・生徒の活動内容、教育実践、学校組織の構造がいじめを促す可能性についてあまり注意が向けられていないように思います。

いじめは、人間関係が存在するところに発生します。だから継続性を伴います。また非身体的ないじめ（無視、悪口、仲間外れなど）が多いのは、日本の教育実践が、児童・生徒間の関係性や集団での共同作業を重視しているのと関連がないとはいえません。学校活動が集団ベースで行われていることが多く、もしそこで無視や仲間外れの対象となってしまったら、学校で居場所がなくなってしまいます。身体的な暴力を伴わないから深刻ではない、とは言えないのです。

様々な理由から、他人と行動を共にするのが苦手な子が存在します。最近は発達障碍に対する理解も進んでおり、学校側も特別な配慮をする準備を整えてきています。ただ学校全体の活動は大きく変えないまま、不適応の子どもが出たときに個別対応する応急処置だと、結果的に教員の負担を大きくし、手が回らず、子どもへの悪影響が広がる可能性もあります。

もちろんいじめる側の、思いやりをもつ心や規範意識が欠如していることは問題で、指導も必要でしょう。いじめられた側へのケアも重要です。しかしそうした個へのアプローチだけではなく、学校活動の進め方自体に、仲間外れや同調圧力を生むようなものがないか、それを防ぐにはどうしたらよいのか、組織構造的な要因にももっと目を配る必要があります。

感動ポルノ

骨形成不全症で一生を車椅子で過ごしたオーストラリアの人権活動家でコメディアンでもあったステラ・ヤングが、身体的障碍を持っている人の頑張る姿を見せて感動を煽《あお》ることを批判し、感動ポルノと呼びました。教育社会学者の内田良氏は、学校現場で子どもに何らかのリスクを負う行為を行わせ、それを大人が見て感動する演出が感動ポルノに該当すると指摘し、それにより子どもを取り巻くリスクが隠蔽されていると説きます。

内田氏が挙げている感動ポルノに該当する例として、高さや重さであまりに無理がある体育祭の組体操や、二〇〇〇年代に入って全国で行われるようになった二分の一成人式と呼ばれる行事があります。ここでは後者について触れてみましょう。

実は私は二分の一成人式を、内田氏の著作で知りました。中高年以上の世代には、あまり馴染みのない学校行事だと思いますが、私が教える大学生に尋ねると、既に広く普及しているようです。成人（二〇歳）の二分の一である一〇歳を迎えた記念に行われ、親への感謝状を読み上げたり、校長や保護者などが祝いの言葉を述べたり、合唱が行われたりします。特にここで問題になるのは、親子関係に焦点を当てている点です。

この儀式の前に、子どもは親から自分の生まれたときのこと、名前の由来、その後の成長過程を聞き取り、それをもとにして親への手紙を書き、読み上げるのが定番となっています。それを聞いた親は感動する、という仕掛けです。

こういう儀式を家庭というプライベートな空間でやるのは自由です。親に感謝することを糾弾するつもりはもちろんありません。ただ学校行事として行うのであれば、一種の強制性を伴います。

私が真っ先に感じたのは、学校という公的な場で「お涙頂戴」の感動をわざわざ演出する薄気味悪さです。次に、個人情報保護の問題にこれほど敏感な世の中で、親子関係は究極のプライベートの話であるにもかかわらず、それを皆の前でひけらかすことに何の違和感も抱かないのか、という素朴な疑問です。おそらく「感動」により、正常な判断ができなくなっているのでしょう。

そもそも日本の学校教育は、集団で何かをやり達成感を得ることが重視されており、感動を煽るイベントが盛りだくさんです。先に述べたように、皆で何かに取り組み、達成感を得ることで学ぶことは多いでしょうし、そのすべてを否定しようとは思いません。一方で、特に義務教育段階では、学校で行われるイベントに、子どもは皆参加せざるを得ません。

この二分の一成人式で問題が大きいのは、親子関係に焦点を当てる儀式（親への感謝状や自分の成長の記録を辿《たど》ること）です。これは、どの家庭も円満で幸せな親子関係が成立しているという前提が共有されているように見えます。しかし実際は、残念ながら必ずしもそうではありません。

どの家庭に生まれたか、家庭の生活環境がよいかどうかは、子どもの努力によって改善できる範囲を超えています。身体的虐待やネグレクト（育児放棄）とも取れる行為を受けてきた子もいますし、親子の相性がいいとも限りません。複雑な事情を抱えた家族もあり得ます。

そうした子にとって、家庭の詳細や親子関係をひけらかすことは、不当な苦痛を与えていることになります。彼らにとっては、家庭より学校が安心できる居場所になっている可能性もありますが、その学校であえて家庭のことを深く掘り下げることをすれば、むしろ彼らの立場を追い詰めることにもなります。

確かに世の中では、嫌なことに耐えなければならない場面はあり、精神力を鍛えることの重要性は否定しません。しかしそれは我慢して努力した後、何らかのよい結果が生み出されることが期待できるときの精神力であり、不条理な目に遭わせてそれに耐えろというのは、単なるいじめです。

不条理なことはただ耐えればよいものではなく、無理して留まってメンタルヘルスを悪化させるくらいなら、その場から逃れたり、不条理さを変えるための工夫する力の方が重要でしょう。このような儀式のあり方に問題提起をするような生徒こそ、高く評価されてよいと思いますが、学校や、感動ポルノに浸っている保護者がそれを認める度量をもっているでしょうか。

内田氏の指摘に共感した学校がこうした演出を取りやめると、保護者から苦情が来ることもあったようです。しかしそれは自分の子さえよければいいというエゴであり、学校が公共的空間であることを忘れているのではないでしょうか。一部の児童・生徒に不当な忍耐や自己犠牲を強いるのではなく、むしろどうすれば皆が満足できる二分の一成人式になるのかを考える方が教育的ではないでしょうか。

際限のない教育

ここで教育的という言葉を用いいましたが、一般的に教育は重要で、必要なもの、よいものという認識が共有されていると思います。学校は教育機関なので、学校での活動は教育的と見なされます。日本の学校は、授業だけではなく学校生活そのもの、授業外の活動も非常に重視されていることを説きました。もちろん授業外活動にも、何らかの教育的意義が込められています。

ただ教育的、という言葉は曲者《くせもの》で、学校外では通用しないようなことも、学校内では教育的指導の名の下で通ってしまうことがあります。典型的なのは体罰です。体罰は紛れもなく暴力で、市中で大人が子どもを殴ったら明らかな犯罪ですが、同じような行為が学校の中では教育的と解釈され、罪を問われないばかりか、それを支持したり、美談化する人まで出てきます。

また一部の学校で、トイレ掃除を「素手」で行う実践が行われているようです。二〇一七年一二月一八日の『埼玉新聞』で報じられており、それが私の出身地域の中学校だったので驚いたのですが（少なくとも、私の中学時代には、そういう実践はありませんでした）、その他の新聞（『朝日新聞』や『読売新聞』）を検索すると、同様の例が次々出てきます。

素手のトイレ掃除は、ある自動車部品販売店チェーンの創業者の提唱で、有志が集まり一九九三年に設立した「日本を美しくする会」が推進したものです。会の活動は教育現場に限定されないようですが、教員研修を通じて学校に広がっているようです。トイレ掃除だけならまだしも、素手というのは感染症のことを考えれば全く非常識で、現代科学を無視した異様なカルト的行為に見えます。しかしこれも「心を磨く」とか、教育の論理のもとで正当化されています。その他、朝日新聞記者の杉原里美氏がまとめていますが、教育の名の下で、意味不明な校則がいまだに生き残っています。

一見、学校の教員が行うべき仕事なのか、と疑問を抱かざるをえないようなことも、教育的指導の名で通っています。こうして教育の範囲はどんどん拡大し、歯止めがかからないまま、教員の多忙化が進みます。やめようという意見を言おうものなら、その教員は不熱心で教育的ではない、として不信感を抱かれる可能性すらあります。

数々の学校での実践、行事、活動が子どもたちにどういう効果を与えているのか、検証がほとんど行われていないので実際はよくわかりません。よく教育は、データに基づくエビデンスが軽視されると言われます。というのも、学校活動はほぼすべて、実質的効果の有無と関係なく、何らかの教育的な意味を付与できます。それは捉え方や理念の問題なので、科学的に答えが出るものではなく、教育的だと考える人にとっては、効果があろうがなかろうが教育的で、意義があるという結論は決まっているのです。その点で教育という言葉は宗教じみており、思考停止を招く作用ももっています。

体罰、意味不明な校則、過労死寸前の状況に追い込まれた教員、子どもたちを危険に晒《さら》してまで行われる感動ポルノ的イベントなど、学校という閉じた空間の中では、一般社会では通用しないような非常識が罷《まか》り通ることがあります。教育問題は文科省や学校だけが原因なのではなく、教育という言葉に翻弄される教員や保護者、教育について語る一般の人々の意識や態度が絡み合い、解決を難しくしている面があるのです。

脱学校の社会

だからこそ、教育とか学校は距離をおいて、客観的に見つめる必要もあるのです。

今から五〇年ほど前、イヴァン・イリイチ（一九二六～二〇〇二）という、オーストリア生まれで、後にアメリカやメキシコで活躍した思想家の『脱学校の社会』（一九七一・翻訳は一九七七）が注目されました。七〇年代までにヨーロッパの植民地はどんどん独立し、新しい国家が生まれ、それぞれの国に近代学校制度が定着していきました。イリイチは、その近代学校制度を正面から否定したのです。

学ぶという営みは、学校なしで成立しないわけではありません。学校に行かなくても、親を始め、周囲の大人、年長者に囲まれる中で、人々は生きるのに必要な術《すべ》を学んでいけます。日常生活の中で、経験を通じて必要な知識や技術を体得する、それが本来、人間にとって当たり前の姿です。

しかし今や、子どもを日常生活から切り離し、学校という俗世界から遮断された空間に閉じ込めています。日本では、「生きる力」が乏しくなったからと、体験重視の教育をわざわざ外部世界から隔絶された学校に導入するというアイロニカルな状況すら生まれています。

では、学校の何が問題なのでしょうか。イリイチの批判は、近代に入り学校が制度化されたことに向かいます。学校制度が公式な形で成立し、政府、ひいては社会のお墨付きを得たことで、人々の学びは学校依存症とでもいうべき状況に陥ります。本来、学習活動に、学校が不可欠な機関ではないはずなのに、です。

ひとたび学校が設立されると、学校で学んだことだけが正統な知で、学校で習っていないことは重要ではない（正統とは言えない）と見なすようになります。

こんなやりとりを耳にすることはありませんか。例えば、知らないことやできないことがあっても、「学校で習っていないから、仕方ないじゃないか」といって開き直るとか、別の人は「学校でそんなことも教えていないのか」と立腹する人がいたりします。これこそ、学校知が正統な知であること、あるいは学校だけが正統な教育機関であることを無意識のうちに認めている典型的な発言です。

正統知は、多くの人に共有されなければなりません。ところが、共有されるには、知自体の内容が体系化され、伝え方も明確にされる必要があります。目で見て盗めとか、曖昧な形では人による受け止め方が異なりすぎ、正統知の共有は覚束《おぼつか》なくなります。だから学校における知の伝達は、型にはまったものになりやすいのです。

学校に来ている児童・生徒の側も、このような学校の学びを体得しています。生活に密着した経験知ももちろん必要で、また自然に学習していくものですが、体系立てて授業で取り上げられないので、テストに出ません。だから経験知は個人が勝手に、必要に迫られたら、自分なりに学習しますが、このような経験知は学校知の下に位置づけられ軽視されます。正統なものではないからです。

学校で学ぶ知の体系が決まれば、あとはいかに効率的に、効果的に学習させることができるか、これが学校教育の評価を決めます。だから学校や教師は、どうすれば学習効果を上げるか必死に考え、工夫を凝らします。児童・生徒も、教師のそういう努力があることを期待しています。可能であれば、教え方のうまい先生や学校を選びたい、という声も高まるでしょう。

これは一見、望ましいように見えますが、イリイチの問題意識をくみ取ると、そうとは言えません。教師が親切になればなるほど、受け手の児童・生徒はその親切さを当然視し、また頼るようになります。教える側の工夫に依存し、ひたすら学習活動が受け身になってくるのです。

また、やる気の乏しい、自己肯定感の低い児童・生徒をどうするかという問題も、しばしば取り沙汰されます。教える側は、皆に正統な知識を伝えることを使命と考えています。児童・生徒のやる気や能力は様々ですが、全体に知識体系を浸透させようとすると、やる気のない児童・生徒を無視するわけにはいきません。だから勉強しようというやる気を喚起することも、教師の役割になります。

こうなると「やる気」の喚起が自発的なものとは言い難く、周囲のお膳立てで生まれたように見えます。これはイリイチの批判する根拠の一つとなりうるものです。学びたいという欲求は生活の中で自然に育まれるはずなのに、学校は生活と切り離された場なので、人為的に刺激されないと学ぼうとする気が起きない、むしろ自学自習という点では、学校は邪魔な存在なのです。

以上からわかるのは、イリイチの批判する学校化は、近代以降の制度化された教育と、その教育システムを自明視した社会を指します。ですから、イリイチのこの著作を単純な学校廃止論と見なすのは誤りです。彼の著作群をみると、そうした解釈が彼の問題意識を矮小化《わいしょうか》していることに気づくでしょう。イリイチの批判の対象は学校にとどまるのではなく、近代化や産業化により人々が人為的に作られた組織に右往左往し、自分の力で何かを成し遂げる能力が失われている点にあるのです。

学校に対する要求や期待の多様性

とはいえ、学校が社会のなかに強く根付いている以上、当面は存在し続けるでしょう。ですから現実を見据えて、学校の役割や機能を考える必要があります。

身近なところで、子どもの教育をめぐって考えなければいけないことの一つは、どの段階まで進学させるべきか、という点です。日本の場合、特に高等教育機関でかかる学費は安くないので、計画的に考えておく必要があります。

既に言及した『中学生と母親調査』に注目してみましょう。結果は図22から図25に、母親の学歴（以下母学歴）別の分布を示しました。

高等教育機関、特に大学への進学率は上昇しているものの、そこへの価値の置き方には母学歴による違いがあることが一目瞭然です。なお、母学歴を世帯収入に置き換えても、すべて同じような結果が出ます。例えば図22の「できるだけ早く働いて家計を助けてほしい」という項目は、母学歴が低いほど賛成する傾向が出ます。低収入の家庭も、同様の傾向があります。

行動経済学には、時間割引選好という考え方があります。目の前に報酬があるが、それを一定期間置いた後でもらえば利息がついて報酬額が増えるというとき、直ちに目の前の報酬をとるか、今もらうのを我慢して将来もらうか、その二つの選択肢のいずれをとるかが人によって異なります。

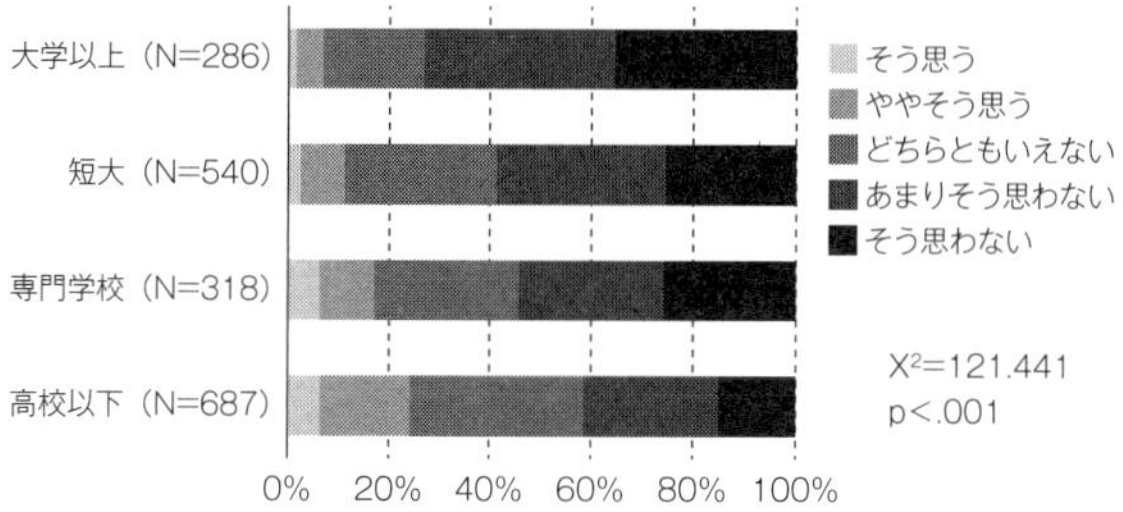

図22　「できるだけ早く働いて家計を助けてほしい」への態度

出典：『中学生と母親調査』(2015)

注：X^2はカイ二乗値、pはカイ二乗検定を行った有意確率を示す。図23、24、25も同様。

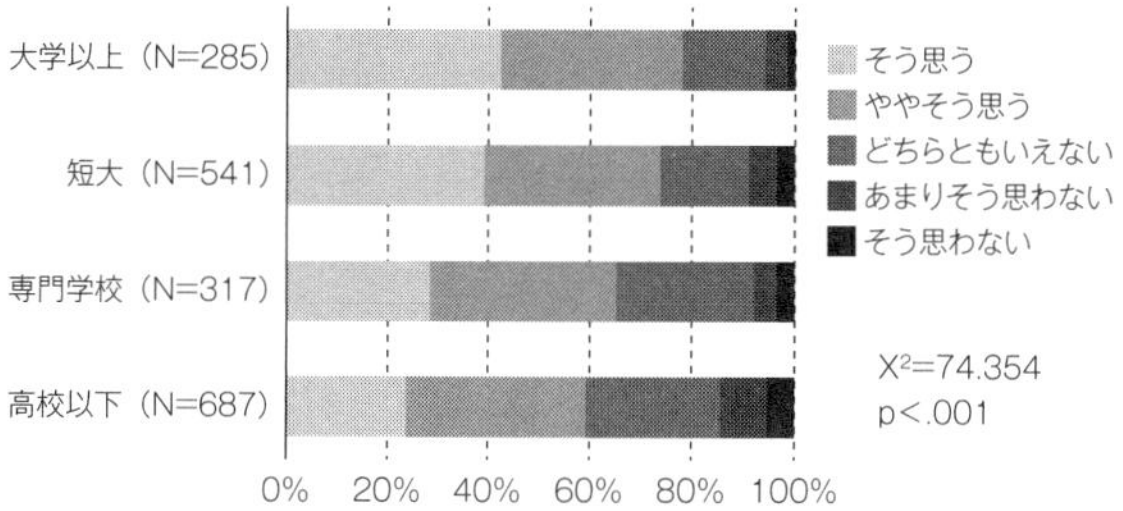

図23　「できるだけよい学校を目指してほしい」への態度

出典：『中学生と母親調査』(2015)

学歴が高いほど、生涯賃金は多くなります。ただ、進学すれば就職の機会は先延ばしになるので、その間は収入が得られませんし、むしろ授業料などのコストがかかります。もちろん食べるのに困っていれば、将来の利得など考える余裕はなく、すぐに働き始めて収入を得たいと考えるでしょう。そこまででなくても、社会的に不利な立場にあると、トータルで得するかよりも、利得がすぐに得られる方を選ぶ傾向があります。図22は、そうした時間割引選好の先行研究と矛盾しない結果です。

図23のような、子どもの目指す学校についても母学歴による分布の違いがあります。「よい学校」が何を指すのかは曖昧で、この認識自体に階層間の違いがある可能性は否定できません。とはいえ、この「できるだけよい学校を目指してほしい」という言葉自体、あまり否定しようのない文に見えますが、肯定的回答の分布には母学歴による差がかなりあります。

学費負担と大学進学の価値

図24は、大学の学費を払う責任は誰にあるのか、という問いに対する問題で、母学歴が高いほど、親が自ら払うべきと考えていることがわかります。逆にいえば、母学歴が低いと、必ずしも授業料の支払いに協力的ではありません。もし進学しようとしたとき、母学歴が低

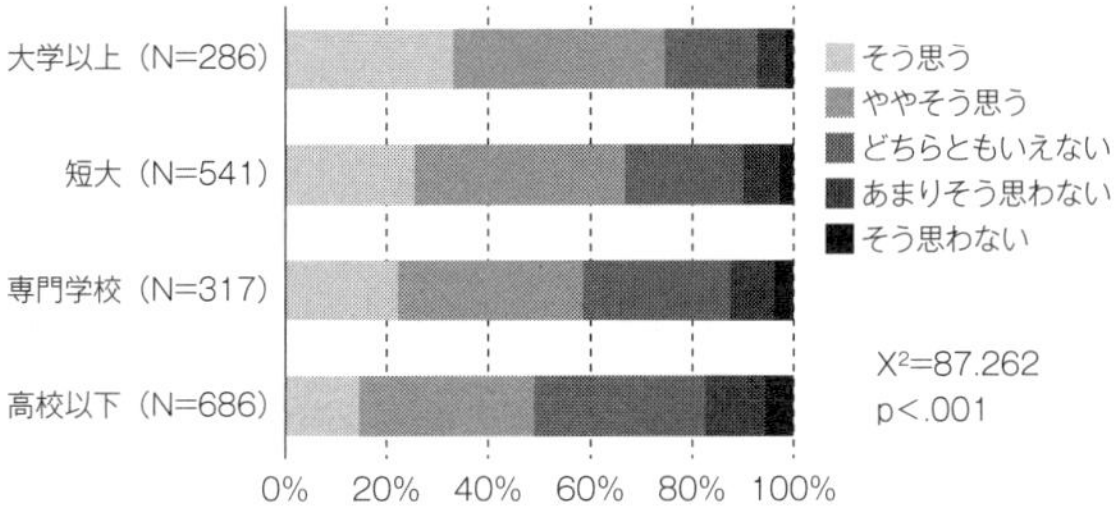

図24 「子どもが大学進学するときには、親が学費を支払うのは当然である」に対する態度

出典：『中学生と母親調査』（2015）

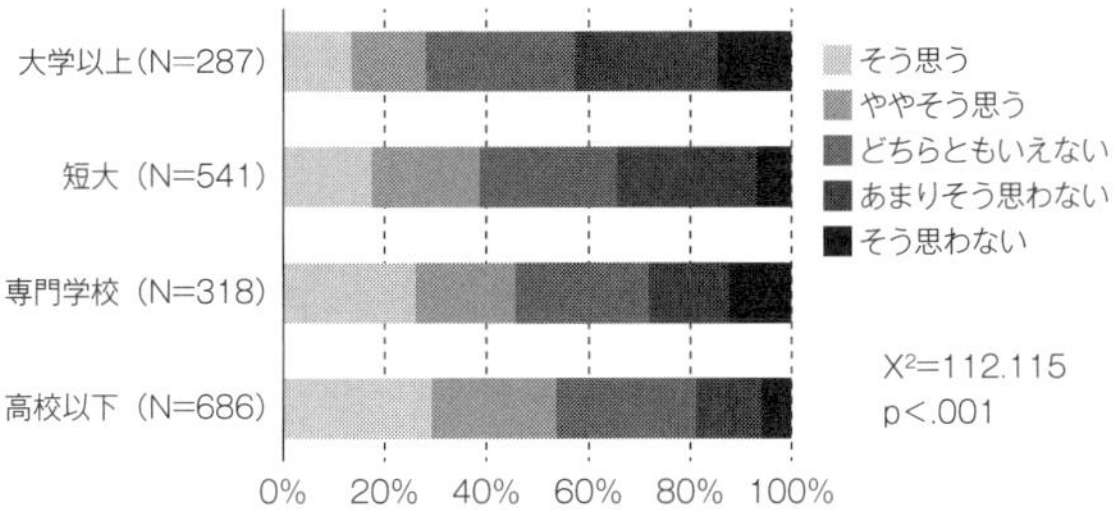

図25 「やりたいことがないのに、大学に進学すべきでない」への態度

出典：『中学生と母親調査』（2015）

いと、自分でそれを負担する必要が生じ、その分進学のハードルは上がるはずです。

この図24は、母学歴を世帯収入に置き換えても同じような結果になります。収入に余裕があるから払ってあげてもよい、と考えるのかもしれないですし、また収入に余裕がなければ、行きたければ自分で負担しろ、という話になるのかもしれません。

図25は、目的意識の有無と進学に関する意識で、これもなかなか面白いことを示しています。一般的には、目的意識もなく進学するのはよくない、と言われます。大学に行っても勉強しないのは受験自体が自己目的化し、将来像を描いていないからだと、近年のキャリア教育では、将来展望やキャリア・プランを描くことが重視されます。

しかし母学歴が高いと、目的意識が明確でないまま進学することを否定的にみている人は多数派ではありません。これは世帯収入で見ても同じで、世帯収入が多いところの母親は、目的意識がないままでも進学しても構わないと考える傾向があります。

進学して何を得るかは、行ってみないとわからないこともあります。大学進学の価値は、将来所得という経済的側面に限定されるわけではありません。もちろん大学も一つの教育機関なので、そこで受ける教育の内容自体の意味が問われるのはよく理解できます。しかし仲間との出会い、サークル活動、ボランティア活動、アルバイトにチャレンジする機会や自由な時間など、トータルで考えてみたとき、大学進学で得られる可能性のあるものは、かなり広くあることが理解できます。

事前に期待したことが、そのままの形で得られるとは限らないこともあります。一方で、目的意識が曖昧であっても、実際に大学に行ってから自分の適性や目標を見つける人もいます。「余裕があるから悠長なことが言える」という感想もあるかもしれませんが、母親に大学の経験があると、進学の利得をより広くイメージするとか、自らが大学に進学して初めてわかったこともある、という経験が、こうした意識の形成に影響を与えているのかもしれません。

子どもの進路決定には、本人の成績や意思のみならず、保護者の意向が影響します。また進学のコストが大きくなれば、その家の収入や貯蓄といった物理的要件も進路決定を左右します。もちろん学校の進路指導が影響する可能性もあります。ただ、学校の進路指導と家庭の方針とで齟齬《そご》が生じた場合、学校の指導を重んじるか否かの判断は、保護者の考え方次第です。最終決定権は家庭にあるので、進学の格差を完全になくすのは至難の業だということが理解できると思います。

以上から、学校への期待、あるいは学校に置かれる価値観も、家庭による差がかなりあることがわかりました。逆説的ですが、学校化社会が進み、誰もが学校とかかわるようになったからこそ、家庭間の違いや格差が目立つようになったと言えます。では、学校は今後、どういう方向に向かうのか、本書のまとめで考えてみたいと思います。

終章　これからの学校を考える

　ここまで学校の成り立ち、組織的特徴、そして学校を取り巻く様々な問題や、その問題が生じる原因について説明してきました。学校が社会とどのような関係をもっているのか、また学校で行われている教育活動にはどういった問題点が存在するのか、理解いただけたと思います。以上を踏まえて、最後に学校の今後の姿を考えていきます。

学校化がもたらすパラドクス

　教育といえば学校が思い浮かび、世の中の価値観や仕組みも学校の存在が前提となっています。人の一生で、学校を抜きにした人生設計は考えられないくらいです。したがってほとんどの人は、学校化社会の真っただ中にいます。

　しかし、学校とはもともとバラバラな個人を一か所に押し込めたようなものなので、実際の学校への期待や思いは人によりまちまちです。学校への関心や意見は多くの人がもっていますが、多様な人を巻き込めば巻き込むほど、学校観のコンセンサスは得にくくなります。

だから多くの人にとって、学校制度は何らかの欠陥を抱えた制度に映り、不信感や不満が募るのです。

公的な学校制度には税金がつぎ込まれており、税金の使途への視線は厳しくなっています。政府は市民に、税金の使い道、そして投じた税金の必要性を説明する責任があります。いわゆるアカウンタビリティとよばれるものです。説得的に説明するため、客観的なデータを集める必要もあります。

本書で示したように、学校はガチガチの官僚制組織ではありません。官僚制組織としての特徴はありますが、組織運営の都合上、ルースな統制とか、脱連結など、組織としての緩みをあえてつくっています。そうした緩みがある方が臨機応変に対応でき、組織の維持、運営上都合がよいからです。

しかしアカウンタビリティが強まると、様々な学校の活動が検証にさらされ、投じた税金に見合った効果があるかが問われます。学校評価の動きは、アカウンタビリティ重視の風潮と軌を一にしています。もちろん学校の改善には、組織を振り返り反省する機会が必要で、評価自体が悪いわけではありません。ただこの評価検証の動きは、一旦つくられると歯止めがきかなくなることがあります。

評価項目が作られて、それで問題点が暴かれたとします。すると、そこを改善しようと努めることになります。改善されれば、評価の結果は上がります。ただその後、高い評価がずっと続くと、指摘できる問題がなくなり、評価する側が自らの存在意義を問うことになります。問題を指摘しないのならば、コストをかけて評価する部署など設置する必要がない、という話になるからです。

さらに学校は教育機関だという性質上、よりよいものを求めがちです。すると、評価する方は何らかの形で問題点を見つけようと躍起になります。問題点を指摘すれば、評価する側の存在意義が確認されます。こうして評価項目はどんどん細かくなり、増えていきます。

細かな評価項目すべてに同等に注意を払うことは、事実上不可能です。また評価項目の細分化自体が、現場の仕事を増やすはずです。そうすると、基本的に学校は評価項目のチェックだけで手一杯になり、悪い評価にならなければよいと守勢に立つことになります。こういう組織では失敗を恐れるようになり、無難な活動を淡々と続けるだけで、チャレンジ精神は生まれにくくなるでしょう。

特に日本の学校は、授業さえやっていればよいとは見なされないので、学校生活すべてが評価の対象になり、かなり息の詰まる組織となっていきます。ルースな統制や、脱連結で見られた緩みは、低評価の原因となり得ます。つまり学校は、理念型としての官僚制化を進めていることになります。

税を投入し公的な信頼を得ている学校制度は、社会の信用を得る必要があります。学校評価が低いと、その学校や学校制度の正当性が問われます。学校の機能や役割を縮減せずアカウンタビリティを強めれば、自由裁量の余地が減り、単にノルマをこなすだけの多忙化が進むのは当然の帰結です。

教育における建前と本音

加えて教育現場では、美辞麗句が並びます。みんな仲良くとか、誰でもできる、いじめがゼロ、などです。しかし本音では、現実はそううまくいくものではない、と思うことはないでしょうか。正直にいえば、私もこうした教育現場で言われるきれいごとを、あまり好みません。

しかしこれらを偽善とかきれいごとと切って捨てるのも間違いです。教育現場の目標は、利益を追求する営利企業や、モノをつくる工場で掲げる目標やノルマと同じものではありません。

同じ教材を使い、同じように教えても、どうしても習得には個人差が生じることは否定できません。子ども同士のいざこざや喧嘩《けんか》も、好んで起こしているわけでもないので、すべてなくすのは難しいでしょう。だからといって、「やる気のある子や、できる子だけ能力を伸ばします」とか「いじめゼロなど幻想だ」というスローガンを掲げる学校が出てきたら、どう映るでしょうか。そういう学校に行きたい、行かせたいと思うでしょうか。

学校というのは、高い目標を放棄するのではなく、常に難しい目標に向かって子どもが努力できる環境を維持するから、社会から信頼されるのです。このような目標は、達成できないと罰があるノルマと同様に考えるのではなく、学校の姿勢を示すものです。

第五章で触れた塾との違いは、ここにもあります。塾の役割は限定的ゆえに、学力を伸ばすとか、志望校に合格させるなど、目標が明確です。だからその必要性を感じた人のみが費用を払ってサービスを受けますが、支払った費用に見合う成果を出さなければ市場から淘汰《とうた》されます。

そう考えると、学校より塾の方がより合理的で官僚制的な組織と言えます。ウェーバーの言葉を借りれば、評価は結果次第という責任倫理の比重が重いのが塾です。一方学校は官僚制化の程度が弱く、掲げる目標も多義的で理想論的です。しかしそうした理想を持って教員が努力しているから、人々は学校に信頼を寄せるのです。だから心情（信条）倫理が重視されているとみることができます。

確かに、いじめ自殺の報道をみると、学校や教育委員会の稚拙な対応が目に余り、批判されても仕方ないと思うことがあります。いじめが悪い点に議論の余地はありません。ただ「いじめゼロ」をノルマと読み替えられると、いじめが起こりようのないほど児童・生徒を徹底的に監視するか、それが発覚したときのバッシングを恐れ隠蔽する、という両極端の対応に陥ります。前者は教員の業務量を考えれば限界があり、結局社会からの批判を恐れ後者の方向に向かいがちになります。

いじめが発覚すると、直ちにその学校は問題があると見なしがちですが、問題を問題として認識するかは学校次第です。きちんと調べないとか、見て見ぬふりをして「いじめゼロ」を報告する学校より、いじめ問題に前向きに取り組み、いじめを早期発見し解決に努める学校では、どちらが学校として誠実で優れているか、論を俟《ま》ちません。しかしプロセスや背景を無視し、いじめ数という結果だけで学校評価を行えば、後者の学校は（いじめがあるので）問題だ、ということになります。それは、バレなければよいという、あってはならない「解決法」に組織が向かうのを誘導することになります。

アカウンタビリティとしての検証対象に、学校の姿勢として追求する理想（全員できる、皆仲良く、いじめゼロなど）まで含めてしまうと、それを完璧に達成するのは非常に難しいのに結果責任を追及することになり、かえって学校の信頼性を毀損する結果を招く可能性があります。教員もあまりに厳しい要求に「やっていられない」という厭世観《えんせいかん》だけを募らせ、人材確保も難しくなります。学校は迂闊《うかつ》に高い目標など掲げなくなり、かえってチャレンジ精神を損ない、ひいては社会の活力を損ねるかもしれません。

もちろん、評価を全否定しているわけではありません。評価は組織や実践の改善に必要です。ただ私が本書で繰り返し、学校組織の特徴や、教育に関する議論の特徴を説明しているのは、今学校で起きている問題を学校だけで解決するのは不可能で、むしろ保護者をはじめ社会のスタンスが鍵を握っていると考えるからです。評価も、そうした教育分野の特徴を踏まえて設計する必要があります。

無責任な教育政策

近年、エビデンス（証拠）が重視され、政策もそれに基づくべきだと言われています。科学的手続きに則《のっと》って客観的な知見を導き、それに基づいて政策を実行するのが合理的で、人々のためにもなるという考えです。大筋で言えば誤りではありません。民主主義の社会でどの政策がよいか判断する際も、エビデンスがきちんと出されなければ判断できません。エビデンスは民主主義の基本です。

エビデンスに基づく政策は教育で弱い、と言われています。学校教育は皆が経験していて、誰もが一家言持っており、そうした私的な経験談や思い込みが政策に反映されてしまう、というのです。

もっともCOVID-19への対応を見ていても、日本政府は真面目にデータを取るつもりがあるのか、とったデータをきちんと開示しているのか、エビデンス重視の政策を実行する意思があるのか、かなり疑わしく感じられます。甘い見積もりで着工した公共工事の完了後、思ったほど利用がなく赤字になっている例も枚挙に暇《いとま》がありません。政治は所詮権力ゲームであり、論理だけで最適解が得られる政策が選択されるほど単純なものではない、ともいえます。そう考えるとエビデンス軽視は、何も教育に限った話でもない気もしますが、ここでは教育政策に絞って考えてみましょう。

教育に何らかの強い考えをもった人の意見が、準備できる資源に限りがあるのに、それを考慮せず政策として実行されると悲惨なことになります。記憶に新しいのは、センター試験に代わる大学入学共通テストの英語民間試験と記述式テストが、強い反発で見送られた件です。おかしな教育改革の中でも、これは杜撰《ずさん》さ、強引さで際立っていました。

入試は、もともと無責任で勝手な議論が展開される傾向があります。アメリカの大学入学者選抜が言及されることもありますが、アメリカでは大学の教員が直接選抜業務に従事することはありません。アメリカでは学生の募集活動や、入学志望者の選抜に関わる部局が存在しており、それがアドミッション・オフィス（admission office）です。ここには選抜に関わる専門職の職員が常駐しています。

一九九〇年に慶應義塾大学湘南《しょうなん》藤沢キャンパスの二学部がAO入試を始めて話題になりましたが、ここでのAOはアドミッション・オフィスの略です。こう名付けたのは、当時はペーパーテスト型入試が主流だったので、高校からの推薦状や事前に提出させた小論文などをじっくり検討して合否判定する方法が珍しく、そのやり方を参考にしたのがアメリカのアドミッション・オフィスだ、というだけです。だからアメリカの大学入学者選抜とは似て非なるものです。

日本の大学は、大学教員が入試問題の作問、採点（そもそもアメリカでは、日本でイメージするような一斉式の筆記試験は存在しません）、書類選考、合否判定などすべてに関わっています。入試課など入試担当部局はありますが、基本的には入試に関わる業務の事務作業が中心で、通常合否判定は大学教員の会議（入試委員会などを経て教授会）で決めるのが普通です。つまり入試課の職員が直接合否の決定にかかわることはありません。

近年、大学入試の方法が多様化し、大学教員にとって入試関係の業務の負担は重くなっています。共通テストの記述試験については、入試業務に従事したことのある大学教員なら、いかにそれが難しいことか容易に想像がついたはずです。そして近年は、（良い悪いは別として）大学入試に関わるちょっとしたミスもすぐに報道され、社会的な批判を浴びます。そうした極めて厳密な環境下で実施されている入試と、英語民間試験が両立しうるのか、という疑問もすぐに思い浮かんだはずです。

それ以外にも、多々の問題点が専門家から指摘されていましたが、専門家の意見はずっと無視されてきました。専門家の指摘は関係者にとって容易に想像のつく当たり前なものでしたが、それを無視して突き進んだ結果、（きっかけは文科大臣の失言でしたが）受験生は大混乱し、文科省は面目丸潰れでした。実施に至らなかったのは、せめてもの救い、としか言いようがありません。

資源を無限に注ぎ込めるなら、理想的な目標を追求できるかもしれません。しかし時間および金銭的コストは無視できません。政策決定は多くの人の生活に影響を与えますから、普通はまず時間的制約や資源を見定めたうえで、その上で何ができるかを考えるのが常識です。

しかし、こういう常識が教育の世界ではなぜか通用しません。今、学校現場で混乱が起きているのは、必要かつ十分なリソースを準備せず、不可能な理想論を追求していることも大きな要因です。これをみると、一体歴史から何を学んできたのかと、溜息《ためいき》をつかざるを得ません。資源を無視した無責任な政策で犠牲になるのは、現場の教員であり、余裕のない教員に教育される子どもたちです。

また経験談が安直に政策化される、という批判もありますが、私はそれだけでなく、教育論に込められた理想論と、現実的な目標を混同している点も問題だと思います。先に述べたように、学校は一〇〇パーセントの達成が限りなく無理でも、それをあえて理想に掲げて社会的信頼を得ている面があります。効果検証の必要な政策に、実現不可能と思える理想を目標に掲げること自体無責任の極みです。

政策は実際に資源を投入し、検証されるものです。理想が実現できないことを責められると、現場は委縮し、理想を取り下げ、無難なことしかやらなくなります。そうではなく、理想は理想としてその姿勢を維持し、政策的にはドライに現実的な目標を立てることです。教育政策で重要なのは、学校の理念を実現しようと努力する姿勢を保つために、必要なサポートを行うことです。ところが現実に行われてきたのは、資源を削減する一方、現場に無理な要求を続け、次々と学校や教員の業務を増やし、さらに教員免許更新制など、必要性すら怪しい仕組みを導入する改革だったのです。

学校現場がこんな状況だから、強い気持ちがあれば乗り切れるとか、できないのは気合が足らないからだ、といった時代錯誤な精神論がいつまでも跋扈《ばっこ》しているのかもしれません。精神論で難局を乗り切るという無理難題がまかり通る土壌が、学校や教育、ひいては日本社会には蔓延《まんえん》しているのです。

必要なコストは支払うべき

そうした学校現場において問題となっている教員の多忙化の大きな原因の一つが、部活動です。教員の中には、部活の指導にやりがいを感じる人もいるでしょうし、また部活動が特にスポーツの普及に大きく貢献してきたことを否定するつもりはありません。ただしあくまで部活動は、『学習指導要領』に基づけば学校教育課程外の活動であり、生徒の自主的・自発的活動です。つまり、教員が必ず担わなければならないわけではありません。しかし現実には、部活動は熱心に行われており、部活動を担当しないとやる気のない教員というレッテルが貼られかねないため、やむを得ず担当している、という教員も多いのです。

この問題は徐々に社会的に認識されるようになりつつありますが、ここでは特に教員の多忙化に関連する点に焦点を絞って話を進めます。部活動にかかる手当は非常に安く、多少見直されつつあるものの、教員のボランティアに近い状況です。

確かに中高生を部活に参加させておくことには、いくつかメリットが考えられます。すぐに思いつくのは、アメリカの社会学者トラヴィス・ハーシ（一九三五〜二〇一七）によるボンド理論です。端的に言えば、非行を抑止する要因は社会的絆（bond）にあるということで、そのボンドには、家族や教員など身近な人への愛着（attachment）、ある組織や集団へのコミット（commitment）、日常的な何かの活動への関与（involvement）、そして強い規範意識（belief）の四つが想定されます。

部活動は三つ目の「関与」にあたり、部活動に熱心に取り組んでいれば、その時間は遊びまわっている暇はありません。二つ目の「コミット」も関連しており、部活動の実績や、信頼できる部活の仲間に泥を塗るようなことはしたくないはずです。だからこれらは、非行抑止の原因になります。

保護者からすれば、高額な金銭的負担を伴わず、子どもが部活に熱中していれば悪い遊びを覚えるリスクも減り、部活でいい成績を残せば入試に有利になったりと、特に悪いことはないので、部活動を減らせという要求は出にくいのです。しかしあえて刺激的な言い方をすれば、これは教員のボランティアに甘え過ぎではないでしょうか。

日本社会は教育に関わらず、金銭的コストをかけずに、現場のボランタリーな努力に甘えてきたところがあるように思います。通常のマーケット（市場）であれば、付加価値的サービスがつけば、それだけお金がかかるはずです。しかしそうした付加価値分のコストを消費者に支払わせず、サービスとして（ということは現場を犠牲にして）提供することがまかり通っています。

おそらくこの問題も、学校側の努力だけでは解決しません。保護者の学校に対する期待や要求がリソースに照らして正当と言えるのか、考え直す必要があります。海外のように、地域コミュニティのスポーツクラブなど、部活の機能を外部に委ねる案も出ていますが、それもコストがかかります。コストの問題は最も重要なのに、正面から議論するのを避けていきます。実効性のある対策を考えるには、コストの問題に向き合わざるを得ません。

高度化する教員への要求

近代化で一斉授業が普及したとはいえ、個人差は消えませんから、やはり一斉の教育にはどこか無理があります。そうすると、今度は個性に見合った教育、多様な教育という要求が強まります。COVID–19の感染拡大で、オンライン授業のことも世間一般に広く認知されるようになりました。テクノロジーの発達は、オンデマンドで個人の必要性に応じて学習する教育の個別化を促進することになります。

学習者が多様な方法を選択できるのはいいものの、教える側がそれに対応できる資源をもっているかは現段階では疑問です。むしろ学習手段が多様になる分、仕事の種類が増えることにもなります。

人の欲求は、量的な面が満たされると徐々に質の向上に関心が向くように、当初は学校に行けること自体で満足していたのが、段々教育内容の充実に関心が向くようになります。さらに一方通行の講義ではなく、考えさせるような教育、創造性を育む教育、総合的学習の時間のように学習者の主体性や参加を喚起するような教育が推進されていますが、こういう授業には十分な準備が必要です。

特に教科の枠組みや決まった方法論が明確ではない総合的学習の時間は、十分練られたものであれば良い効果が期待できるでしょうが、準備が不十分だと、児童・生徒も困ってしまい、知識やスキルもきちんと学習できず、ダラダラと過ごしただけで何が身についたのかよくわからない、という悪い結果をもたらしかねません。アクティブ・ラーニングを推進するのも結構ですが、教員の授業準備を含めた時間的、労力上の余裕を持たせないと、折角の理念を活《い》かすことにならないと思います。

このように授業ひとつとっても、要求水準が上がっています。また保護者の高学歴化も進み、教員がその地域で学歴の高い層、ということが、地方でも当てはまらなくなりつつあります。学校の方針に異を唱える保護者も、増えることはあっても、減ることはないでしょう。大学の教職課程では、教科指導だけではなくて、生徒指導や進路指導、特別活動などについても学ぶことになりますが、これらはもともと別の専門分野です。既に紹介したように、欧米では担当が分かれているのが普通です。どの学問領域も研究はどんどん発展しており、過去の学説が更新されるのは珍しくありません。特に発達障碍《しょうがい》に関する知識体系は大きく変わっており、中高年の教員が学生時代だった時の常識は通用しません。その点でも、教員は常に知識やスキルの維持、向上が求められています。

若い教員のスキル不足が問題になりがちですが、ベテランだから大丈夫だ、とも限らないのです。教員への要求水準自体が大きく上がり、保護者や社会の目も厳しくなっていると考えられるからです。だとすれば、教員がスキルに磨きをかける余裕をもてなければなりません。その余裕がないまま批判をするのは、教員をスケープゴートにしているだけで、問題解決は覚束《おぼつか》なくなります。

学校役割の限定化？

そう考えると、やはり欧米諸国で一般的なように、また「チームとしての学校」を推進するように、学校の中の専門分化や役割分担を進めるとか、学校の機能をできるだけ教科指導に限定する方向にもっていくのが必要になるかもしれません。これは多くの国が採用している形であり、向かうべき方向として十分考えられると思いますが、注意点もあります。

確かに「チームとしての学校」のように、異なる専門職が学校に関与し、それぞれの専門性を発揮するやり方は、欧米諸国で一般的です。ただし第三章でも触れましたが現在の日本のように、教員ではないカウンセラーやソーシャル・ワーカーが学校に常駐せず、いくつかの学校を掛け持ちするやり方は、予算の問題があるとはいえ中途半端です。結果的に、日常的に児童・生徒を見ているのは教員になるので、その情報のやり取りにコストがかかり、必ずしも業務軽減化に向かわない可能性もあります。

では、ちょっと極端ですが、今の日本の教員に「教科指導と生活指導は全く別です。教員は授業だけに集中して、生活指導はその専門家に任せてください」という分業を指示した時、それを受け入れるでしょうか。私は、現場の教員の感覚に照らせば、なかなか難しいのではないかと考えています。

実証的データに基づけば、成績と階層には相関があり、階層と生活習慣にも何らかの関係が見つかります。これらの関連が、いずれか一方からの「因果関係」があると断定することは容易ではありませんが、関連がありそうだということは薄々多くの教員が感じているでしょう。

生活習慣が乱れれば勉強に身が入らない、という話も、荒唐無稽には聞こえません。だから日本の学校では、生活と勉強を包括して捉え、児童・生徒をもっともよく知る担任の教員が中心となって問題を解決しようとしてきたのではないでしょうか。そして児童・生徒、その保護者にとっても、対応する窓口の専門家がコロコロ変わるのは盥回《たらい》しにあっている気になるでしょう。むしろ一人の教員が親身に接してくれる方が納得しやすいかもしれないですし、個別の専門家の言っていることが相互に矛盾して不信感を生むリスクも減らせる可能性もあります。

家族で介護や養育のようなケアを必要とする人がいて、その世話や家事を担う子どもをヤングケアラーといいます。ヤングケアラーを生む家族は、貧困など難しい問題を抱えている可能性があります。彼らの調査を行ってきた社会学者の澁谷智子氏によると、ヤングケアラーに対する政策はイギリスが先行しているものの、そのイギリスと比較し、日本では教員の関心が高く、問題に取り組もうとする姿勢も高いとのことです。児童虐待などの家庭の問題が、学校によって発見されることも珍しくありません。

こうしたエピソードは、日本の教員が教科指導だけやればいいと割り切っていないことを反映しているのかもしれません。もっとも澁谷氏の著書では、教員が抱え込むのではなく、「チームとしての学校」が描くような、ソーシャル・ワーカーらの他の専門職との連携の試みが紹介されています。単純な欧米化ではなく、日本の学校が持っていた長所を活かした学校役割の整理が求められています。

難しいのは、学校外で起きた事象に学校がどこまで介入するかという問題です。厳密に考えていくとどこで区切るかは難しいのですが、本来家庭や別の行政機関の責任であるべきものを学校のせいにしている面はないか、これは保護者や社会が考えなければならないことです。

より良き市民社会に向けて

自分の努力では変え難い出自より、本人が何をなすか、何ができるかが問われるようになったのが近代です。したがって社会の評価の単位は、個人となり、個人主義が進みます。所詮個々人は異なる人格なので、相性が合わなければ一緒にいることが苦痛なことも出てきます。科学技術の進歩により、行動の単位が個人化し、嫌な人と共同で何かをする必要性も薄らいでいるように見えます。

狭い関心や価値観を共有できる人とのつながりは維持できるものの、そうでない人とは交流する必要もなくなります。本来社会にはいろいろな人がいて、それらの人々がそれぞれの役割をまっとうすることで動いているのですが、近年は感覚的に近い人としか付き合わなくなり、広い社会を自覚するのが難しくなっています。ですから価値観の違う者との分断は大きくなり、分断が経済と結びつけば格差や不平等となります。

学校段階が上がると、入学難易度で選別があり、段々似た傾向のある者同士が集まるようになります。労働市場に出れば、ますますそうなり、関係する業界の人としか付き合いがないことも起きるでしょう。そうなると、人生で最も多様な背景を持つ人々と出会う場が、特に義務教育段階の学校かもしれません。

人とのつながりが感じられず社会を実感できないことと、実際に社会が存在しないことは違います。異なる性格や適性を持つ人たちが結合するからこそ、うまく世界を動かすことができます。今は個人主義のもとで見えにくくなっているけれども、社会が消失したわけではありません。

問題が起こると、すぐに教育がダメだからだという人がいます。感覚的にはわかる気もしますが、モノの見方が単純です。教育で何でも解決できるわけではありません。学校にできることは限られています。学校役割が肥大化している日本では、特にこの点は強調しておきたいところです。

一方で、出自によらず、すべての人を受け入れ学ぶ機会を提供してきた学校の機能を馬鹿にすべきではないと思います。そして社会を実感しにくくなっている今だからこそ、その学校で「社会とは何か」を学ぶことの重要性は高まっています。

今や様々なエスニック・グループが共存するアメリカの歴史において、ロジャー・ウィリアムズ（一六〇三〜一六八三）の思想から「寛容」の中身を検討した神学者の森本あんり氏によれば、寛容の精神とは、価値観や感性の異なる相手の立場を受け入れたり、好きになったりすることではありません。価値観や感性が合うのであれば、寛容という必要もなく、特に努力せずとも相手に合わせられるからです。大体、好きという感情は自然に湧き上がってくるもので、意図して好きになるわけではありません。また相手の立場も受け入れよと主張することは、寛容な態度をとっているように見えて、結局「相手を受け入れよ」という無理難題を押し付けている点で不寛容ともいえます。

個人化が進み、価値観が多様になる一方、同じ価値観同士の人間だけが固まるようになり、異なる立場の人に罵詈《ばり》雑言を投げつける、今やインターネットではお馴染《なじ》みの光景です。しかし学校で多様な人々が一堂に会するのであれば、ダイバーシティ（多様性）の理念を受容し、異なる属性や立場の人同士が、どう共存し、付き合うかを考える場と見なすことができるでしょう。

人の内面を強制的に変えるのは不可能です。学校は、年齢的にまだ人格の可塑性の高い子どもが通うので、性格や考え方が教育によって変わる可能性は比較的高いでしょう。とはいえ、人には相性もあるし、考え方や立場が異なることは普通です。

このとき、教育の現場では「みんな仲良く」と、互いの共感の姿勢や相互理解を求めることがよくあります。低学年時点では、相手の立場で考えてみよう、という方がイメージしやすいでしょうし、そういう思考に一定の意義もあると思います。ただ学年が上がり、人格が確立すると、個人の価値観も確立し、妥協できないことも増えてきます。相性に基づく好き嫌いなど、どうしようもありません。そのとき、無理に共感を強いるより、価値観の異なる人とどう共存できるのか、それをトレーニングする場が学校なのではないか、と考えることはできないでしょうか。

自らの依って立つ正義感に基づき、相手を論破しようと追い詰めると、対立や分断を深刻化したり、追い詰められた方の暴発を招く可能性もあります。それより、自分と相手は違うことを認めること、自分の主張をするにしても、汚い言葉で相手を罵って人格否定をするのではなく、最低限の礼節は重んじるルールを学ぶのは、学校の目標としてより現実的でしょう。

社会の分断や格差拡大を学校教育で解決しようとしても、限界はあるでしょう。その限界を認めた上で、何ができるのか現実目線で考えてみる必要があります。本書が挙げた課題は重いものです。そしてその重い課題に正面から取り組めるだけのリソースや時間的余裕が、今の学校にあるでしょうか。

よく言われるように、学校は将来の日本社会を担う人材を育成する場です。ここを蔑《ないがし》ろにすれば、結果はいずれ私たちの社会に返ってきます。

あとがき

筑摩書房の橋本陽介さんから書状をいただいたのは、前任校である大阪大学に勤務していた二〇一九年秋のことでした。年明けすぐに研究室で直接お会いし、プリマー新書として、中高生でも読めるような、学校の意義を説く本を出せないか、というお話で、すぐに快諾しました。年内にも書き上げる、そういう調子のいい返事をしたような記憶があります。

二〇二〇年四月に現任校（立教大学）に移り、新しい担当科目もあって、その授業準備をしなければならないことは織り込み済みでしたが、まさかのパンデミックです。当然その対応に追われることになるのですが、一方で、この過程でいろいろ考えさせられたり、新たに文献を見直したり、考えを整理したりする機会を得ることにもなりました。とはいえ、当初の約束は果たされず二〇二一年になってしまったので、細切れ状態であった原稿を春休み中から新学期にかけて一気に書き上げました。結果的に、私の当初の見積もりの甘さが露呈したわけですが、それでもこの一年に起きたことを振り返ることで、少しは内容を深めることができたのではないかと思います。

教育、というと、理想の教育論を述べたがる人がたくさんいます。もちろん発言は自由ですが、有効なものになるか否かは正確な現状認識が行われているかに依存します。教育に限りませんが、政策は、そこに生きる一人一人の人生を左右しうることを忘れてはなりません。まさにウェーバーの言う責任倫理が問われており、政策的判断には合理的根拠が必要です。

合理的根拠に用いられるデータや資料は、様々な内容のものがあります。中には、見ると不愉快で目を背けたくなるような、政策的に不都合なデータもあるかもしれません。しかしそうしたエビデンスも一旦は事実として受け止めなければ、物事は改善していきません。

私は現実を受け止めない人や組織、集団に未来はないと考えています。もちろん、現実がどうなっているかを示す情報、データは公開されなければなりません。

私の考え方に比較的大きな影響を与えている書物の一つが、哲学者であるカール・ポパー（一九〇二～一九九四）の『開かれた社会とその敵』です。無謬《むびゅう》（失敗や誤りがないこと）を前提にしている人や社会は、仮に過ちがあってもそれを認めようとせず、都合の悪いものを見て見ぬふりをしたり、隠蔽したり、屁理屈《へりくつ》で都合の悪い事実も正当化します。しかしここでいう「開かれた社会」では、間違いはありうるという前提に立ち、間違っていればそれを修正することで進歩してゆくのです。

科学も、予想された仮説が否定され、過ちが修正されることで真理に近づきます。換言すれば、誤る可能性を認めない完全主義的な言明は、疑似科学であり、軌道修正や改善の機会を自ら捨てていることを意味します。バブル崩壊後三〇年、日本がたどってきた道はどうだったのでしょうか。

教育で重要なのは、なんでも完璧に物事をこなすことではなく、日常的に起こるミス、過ちをどう受け止め、次につなげるかを学ぶ姿勢の涵養《かんよう》だと思います。果敢な挑戦にはミスがつきもので、それを恐れていれば挑戦も、革新もありません。だから学校や社会の寛大さや余裕が必要となります。しかし今、日本社会全体が、寛大さも余裕も失われ、人々の関係もぎくしゃくしているように見えます。

「はじめに」でも触れましたが、教育関係の国際比較データを見ると、日本の個人としてのパフォーマンスは悪くありません。今の社会がおかしい、と思っている人はかなりいるはずです。一方で、（これは検証したわけではなく、あくまで仮説的な話ですが）個人として冷静で客観的に観察できる人がかなりいるため、「どうせ一人で動いても変わるわけない」と諦めてしまい、人々の心が政治から離れているように見えます。政府与党のCOVID-19に対する稚拙な対応がますます不信感や政治への忌避感を生み、一部の目立ちたがり屋の無責任な発言に日本社会は翻弄されているようにも見えます。

経済学者のダロン・アセモグルとジェイムズ・ロビンソンは、世界に発展をもたらした自由民主主義と市場経済の両立は、自然の成り行きの結果ではなく、その実現と維持には絶え間ない努力が必要であることを世界の歴史から明らかにしています。古くは政治学者のファン・リンスが、民主体制の崩壊は、政府に対する過激な反対派より、浮動的な政府批判派の動向が鍵を握ると言っています。

教育にできることがあるとすれば、これらの優れた歴史的研究をもとに、いかなる教訓を学び取り、今の時代を診断し、今後どういった選択肢を選ぶべきか考えるトレーニングを積むことでしょう。表面上の制度や史実を覚えるだけではなく、歴史的文脈にひきつけ、組織や制度がどう動き機能しているのか、選択を誤ると何が起こりうるのか、安易な解答に飛びつこうとするのではなく、そうした思考に耐える人を少しでも増やすことが求められているのではないでしょうか。

学校で起こっていることも、何かおかしい、変だ、と違和感を抱く人は多数います。必要性を疑うような改革が、突然舞い降りてきたりするのも教育分野ではよく起こります。本書では、そうした不条理の起こる理由を、様々な角度から検討してきました。教育の世界も社会の一部であり、社会が抱える問題点と全く無縁であるはずがありません。学校や教育について振り返ること自体意義あることですが、今の日本社会が抱える問題を見直す上でも、様々なヒントが隠されているように思います。

本書の執筆にあたって、いくつかの調査のデータを用いました。それらの調査に協力していただいた方にお礼申し上げたいと思います。調査の詳細は、中村高康・平沢和司・荒牧草平・中澤渉編『教育と社会階層――ESSM全国調査からみた学歴・学校・格差』（二〇一八）東京大学出版会、中澤渉・藤原翔編『格差社会の中の高校生――家族・学校・進路選択』（二〇一五）勁草書房、藤原翔「中学生と母親パネル調査からみるCOVID-19――若者の仕事、教育、健康へのインパクト」『社会科学研究』第七二巻一号（二〇二一）をご覧ください。また調査メンバーからは、データ使用を認めていただいたほか、研究会を通して多くの刺激を得てきたことに感謝したいと思います。

これらの調査には、日本学術振興会・科学研究費補助金基盤研究A（23243083）、同科学研究費補助金基盤研究A（19H00608）、基盤研究B（19H01637）、若手研究B（24730417）、および大阪大学大学院人間科学研究科二〇二一年度ヒューマン・サイエンス・プロジェクトの資金が用いられています。

本書の刊行は、予定より遅れてしまいました。言いたいことが沸々出てきて、議論が拡散しがちな私の原稿が少しでも読みやすくなっているとすれば、筑摩書房の橋本さんのお陰です。できるだけわかりやすく書くよう心掛けましたが、それでも不十分な点があるとすれば、ひとえに私の力不足です。

最後に、家族の支えなくして、本書の完成はあり得ませんでした。息子が今年小学校に入学しましたが、幼稚園及び小学校のパンデミックへの様々な対応には頭が下がるばかりで、大変感謝しています。絶え間ない地道な現場の努力が正当に評価され、そうした現場の声に真摯に耳を傾ける、そんな社会であってほしいと願っています。

二〇二一年五月

中澤　渉

参考文献

Acemoglu, Daron, and James A. Robinson. 2019. *The Narrow Corridor: States, Societies, and the Fate of Liberty.* Penguin Press.（＝2020. 櫻井祐子訳『自由の命運――国家、社会、そして狭い回廊』上・下、早川書房）

Alexander, Karl L., Doris R. Entwisle, and Linda Steffel Olson. 2007. "Lasting Consequences of the Summer Learning Gap." *American Sociological Review* 72（2）: 167-180.

Baker, David P. 2014. *The Schooled Society: The Educational Transformation of Global Culture.* Stanford: Stanford University Press.

Blau, Peter M. 1956. *Bureaucracy in Modern Society.* New York: Random House.（＝1958. 阿利莫二訳『現代社会の官僚制』岩波書店）

Brinton, Mary C. and Sunhwa Lee. 2001. "Women's Education and the labor Market in Japan and South Korea." Mary C. Brinton ed. *Women's Working Lives in East Asia.* Stanford University Press: 125-150.

Downey, Douglas B., Paul T. von Hippel, and Beckett A Broh. 2004. "Are Schools the Great Equalizer? Cognitive Inequality during the Summer Months and the School Year." *American Sociological Review* 69（5）: 613-635.

藤原翔、二〇二一「中学生と母親パネル調査からみるCOVID-19――若者の仕事、教育、健康へのインパクト」『社会科学研究』72（1）: 107-128

Gouldner, Alvin W. 1955. *Patterns of Industrial Bureaucracy.* The Free Press.（＝1963. 岡本秀昭・塩原勉訳『産業における官僚制――組織過程と緊張の研究』ダイヤモンド社）

Graeber, David. 2015. *The Utopia of Rules: On Technology, Stupidity, and the Secret Joys of Bureaucracy.* New

York: Melville House Publishing.（=2017. 酒井隆史訳『官僚制のユートピア――テクノロジー、構造的愚かさ、リベラリズムの鉄則』以文社）

――――. 2018. *Bullshit Jobs: A Theory.* Simon & Schuster.（=2020. 酒井隆史・芳賀達彦・森田和樹訳『ブルシット・ジョブ――クソどうでもいい仕事の理論』岩波書店）

濱口桂一郎、二〇一三『若者と労働――「入社」の仕組みから解きほぐす』中央公論新社

原武史、二〇一〇『滝山コミューン一九七四』講談社

土方苑子編、二〇〇八『各種学校の歴史的研究――明治東京・私立学校の原風景』東京大学出版会

広田照幸、二〇〇一『教育言説の歴史社会学』名古屋大学出版会

――――、二〇一九『教育改革のやめ方――考える教師、頼れる行政のための視点』岩波書店

石川松太郎、一九七八『藩校と寺子屋』教育社

Jæger, Mads Meier, and Ea Hoppe Blaabæk. 2020. “Inequality in Learning Opportunities during Covid-19: Evidence from Library Takeout.” *Research in Social Stratification and Mobility* 68: 100524.

梶田孝道、一九八一「業績主義社会のなかの属性主義」『社会学評論』32（3）: 70–87

小松光・ジェルミー＝ラプリー、二〇二一『日本の教育はダメじゃない――国際比較データで問いなおす』筑摩書房

Linz, Juan J. 1978. *The Breakdown of Democratic Regimes: Crisis, Breakdown and Reequilibration.* Baltimore and London: Johns Hopkins University Press.（=2020. 横田正顕訳『民主体制の崩壊――危機・崩壊・再均衡』岩波書店）

前川喜平、二〇一九「文部科学行政における教員養成と開放制の行方」『日本教師教育学会年報』28: 18–28

Meyer, John W. 1977. “The Effects of Education as an Institution.” *American Journal of Sociology* 83（1）: 55–77.

Meyer, John W. and Brian Rowan. 1977. "Institutionalized Organizations: Formal Structure as Myth and Ceremony." *American Journal of Sociology* 83 (2): 340-363.
森田洋司、二〇一〇『いじめとは何か――教室の問題、社会の問題』中央公論新社
森本あんり、二〇二〇『不寛容論――アメリカが生んだ「共存」の哲学』新潮社
Park, Hyunjoon. 2013. *Re-Evaluating Education in Japan and Korea: Demystifying Stereotypes.* London and New York: Routledge.
Reimer, David, Emil Smith, Ida Gran Andersen, and Bent Sortkær. 2021. "What Happens When Schools Shut Down? Investigating Inequality in Students' Reading Behavior during Covid-19 in Denmark." *Research in Social Stratification and Mobility* 71: 100568.
多喜弘文、二〇二〇『学校教育と不平等の比較社会学』ミネルヴァ書房
斎藤里美、二〇一五「TALIS 2013年調査にみる日本の教師と教師教育研究の課題――学習の私事化・市場化と揺らぐ教師の専門性」『日本教師教育学会年報』24: 20-29
佐藤秀夫、一九八七『学校ことはじめ事典』小学館
Schofer, Evan. 2019. "The Growth of Schooling in Global Perspective." Thurston Domina, Benjamin G. Gibbs, Lisa Nunn, and Andrew Penner eds. *Education & Society: An Introduction to Key Issues in the Sociology of Education.* University of California Press. 7-22.
Schofer, Evan, Francisco O. Ramirez, and John W. Meyer. 2021. "The Social Consequences of Higher Education." *Sociology of Education* 94 (1): 1-19.
妹尾昌俊、二〇二〇『教師崩壊――先生の数が足りない、質も危ない』PHP研究所
澁谷智子、二〇一八『ヤングケアラー――介護を担う子ども・若者の現実』中央公論新社

杉原里美、二〇一九『掃除で心は磨けるのか——いま、学校で起きている奇妙なこと』筑摩書房
内田良、二〇一五『教育という病——子どもと先生を苦しめる「教育リスク」』光文社
柳治男、二〇〇五『〈学級〉の歴史学——自明視された空間を問う』講談社
油布佐和子編、二〇一五『現代日本の教師——仕事と役割』放送大学教育振興会

ちくまプリマー新書

225
18歳の著作権入門
福井健策

コピペも、ダウンロードも、リツイートも！　基礎的な知識から、デジタル化が揺さぶる創作と著作権の現状を知ろう。子どもから大人まで必読の著作権入門。

239
地図で読む「国際関係」入門
眞淳平

近年大きな転換期を迎えていると言われる国際関係。その歴史的背景や今後のテーマについて、地図をはじめ豊富な資料を使い読み解く。国際情勢が2時間でわかる。

256
国家を考えてみよう
橋本治

国家は国民のものなのに、考えるのは難しい。日本の国の歴史をたどりつつ、考えることを難しくしている理由を探る。考え学び続けることの大切さを伝える。

136
高校生からのゲーム理論
松井彰彦

ゲーム理論とは人と人とのつながりに根ざした学問である――環境問題、いじめ、三国志など多様なテーマからその本質に迫る、ゲーム理論的に考えるための入門書。

169
「しがらみ」を科学する
――高校生からの社会心理学入門

山岸俊男

社会とは、私たちの心が作り出す「しがらみ」だ。「空気」を生む社会そのものの構造を解き明かし、自由に生きる道を考える。ＫＹなんてこわくない！

chikuma primer shinsho

ちくまプリマー新書383

学校《がっこう》の役割《やくわり》ってなんだろう

二〇二一年九月十日　初版第一刷発行

著者　中澤渉（なかざわ・わたる）

装幀　クラフト・エヴィング商會

発行者　喜入冬子

発行所　株式会社筑摩書房
東京都台東区蔵前二‐五‐三　〒一一一‐八七五五
電話番号　〇三‐五六八七‐二六〇一（代表）

印刷・製本　株式会社精興社

ISBN978-4-480-68408-0 C0237　Printed in Japan